Kybernetik und Management

Wirtschaftskybernetik und Systemanalyse

Herausgegeben von

Prof. Dr. Jörg Baetge, Münster/Westfalen
Prof. Dr. Heribert Meffert, Münster/Westfalen
Prof. Dr. Karl-Ernst Schenk, Hamburg

Band 9

Kybernetik und Management

Ein Round Table-Gespräch

herausgegeben von

Jörg Baetge

DUNCKER & HUMBLOT / BERLIN

Gesellschaft für Wirtschafts- und Sozialkybernetik e. V.
D-6000 Frankfurt/Main
Sekretariat: Universitätsstraße 14 - 16, 4400 Münster
Tel. 0251/83-2961

CIP-Kurztitelaufnahme der Deutschen Bibliothek

Kybernetik und Management: e. Round-table-Gespräch / hrsg. von Jörg Baetge. — Berlin: Duncker und Humblot, 1983.
(Wirtschaftskybernetik und Systemanalyse; Bd. 9)
ISBN 3-428-05448-2
NE: Baetge, Jörg [Hrsg.]; GT

Gedruckt 1983 bei Werner Hildebrand, Berlin 65
Printed in Germany

ISBN 3 428 05448 2

VORWORT DES HERAUSGEBERS

Mit dem vorliegenden Buch „Kybernetik und Management" legt die Gesellschaft für Wirtschafts- und Sozialkybernetik (GWS) die Schriftfassungen der drei Vorträge des 3. Round Table-Gespräches als Band 9 der Schriftenreihe „Wirtschaftskybernetik und Systemanalyse" vor. Die Beiträge werden ergänzt durch einen Aufsatz von Herrn Edzard Reuter, Vorstandsmitglied der Daimler-Benz AG, dessen Beitrag den Teilnehmern zur Vorbereitung auf das Gespräch vorher zugesandt wurde.

Das Round Table-Gespräch fand am 26./27. Februar 1983 im Hause der Daimler-Benz AG im Werk Sindelfingen auf Einladung von Herrn Reuter statt. Die Round Table-Gespräche der GWS dienen der Vorstellung kybernetischer Lösungsansätze in der Unternehmenspraxis und deren Diskussion zwischen Führungskräften der Wirtschaft und Wissenschaftlern auf dem Gebiet der Kybernetik.

Wir freuen uns, dem über die Teilnehmer des Gespräches weit hinausgehenden Interessentenkreis die Schriftfassungen der Vorträge hiermit vorlegen zu können.

Als Vorstands-Vorsitzender der GWS möchte ich mich für die vielfältige Unterstützung bei der Ausrichtung des 3. Round Table-Gespräches bedanken. Insbesondere gilt mein Dank den gastgebenden Herren der Daimler-Benz AG, Herrn Edzard Reuter, Herrn Dr. Adolf-Heinz Fritz und Herrn Ralf Rebmann.

Mein besonderer Dank gilt auch den Referenten, Herrn Prof. Dr. Karl W. Deutsch und Herrn Dipl.-Kfm. Wolfgang Hardes, sowie Herrn Edzard Reuter, die die Schriftfassungen ihrer Beiträge für diese Veröffentlichung zur Verfügung stellten.

Abschließend danke ich meiner Sekretärin, Frau Annegret Floer, die die Druckvorlage für die fotomechanische Wiedergabe mit größter Sorgfalt erstellt hat, und meinem Assistenten, Herrn Dipl.-Kfm. Michael Sanders, der die technischen Arbeiten für die Veröffentlichung hervorragend bewältigt hat. Mein Dank gilt schließlich dem Verlag Duncker &

Humblot für die Aufnahme der Beiträge des 3. Round Table-Gespräches der GWS in die Reihe „Wirtschaftskybernetik und Systemanalyse".

Münster, im Juli 1983

Jörg Baetge
Vorsitzender des Vorstandes
der Gesellschaft für Wirtschafts- und
Sozialkybernetik (GWS)

INHALTSVERZEICHNIS

I Der Nutzen der Kybernetik für das Unternehmensmanagement
Von Karl W. Deutsch

0. Einleitung 3

1. Grundbegriffe für ein sich selbst steuerndes System — eine kanalorientierte Betrachtung 3
   10. Information 3
   11. System 4
   12. Äußere und innere Rückleitung 5
   13. Ungleichgewichtigkeit 6
   14. Ziel, Zielbild und Zieländerung 8
   15. Positive und negative Rückleitung 10
   16. Last, Verzögerung und Korrekturstärke 14
   17. Gedächtnis und Dissoziation 17
   18. Filter und Wille 19
   19. Bewußtsein 20

2. Inhaltsanalytisch orientierte Fragen 22

3. Anwendungsmöglichkeiten 25

II Kybernetische Kontrollsysteme
Von Jörg Baetge

1. Die Begriffe Kybernetik, Kontrolle und Überwachung 31

2. Kriterien zur Beurteilung von Kontrollmaßnahmen 34

3. Kybernetische Interpretation von Kontrollprozessen 36
   31. Die notwendige Isolierung von Kontrollschritten aus dem Arbeitsablauf 36
   32. Die Ermittlung von Zuverlässigkeiten für die verschiedenen Kopplungstypen 37
      321. Überblick 37
      322. Reihenkopplung 39
      323. Zusamenkopplung 39
      324. Parallelkopplung 40
      325. Rückkopplung (Regelung) 42

4. Die Wirkung der Kontrolle auf die Zuverlässigkeit von Routinetätigkeiten ... 46
41. Wirkung der Selbstkontrolle ... 46
42. Wirkung der Fremdkontrolle ... 50
43. Kombinierte Selbst-, Fremd- und Endkontrolle ... 53

5. Ergebnis ... 57

III Ein kybernetisches Modell zur Ergebnisplanung unter bilanzpolitischem Einsatz der Pensionsrückstellungen
Von Wolfgang Hardes

1. Problemstellung ... 61

2. Vorteile einer kybernetischen Planung von Pensionsrückstellungen 63

3. Die Struktur des bilanzpolitischen Planungsmodells ... 65

4. Ergebnisplanung ... 66

5. Pensionsaufwandplanung ... 72
51. Wahlrechte bei der Bilanzierung von Pensionsrückstellungen 72
52. Prämissen der Pensionsaufwandplanung ... 82
53. Mengenplanung und Bewertung ... 83
54. Strategienwahl ... 90

6. Modellanwendungen ... 91

IV Kapitalbindung durch die betriebliche Altersversorgung
Von Edzard Reuter

1. Die Ausgangslage ... 95

2. Die betriebswirtschaftliche Bedeutung der betrieblichen Altersversorgung ... 98

3. Systemvergleich mit der angelsächsischen Praxis ... 102

4. Finanzwirtschaftliche Vorteile der Direktzusage ... 108

5. Offene Risiken einer korrekten Vorfinanzierung ... 114

6. Ansätze für umfassende Lösungen ... 117

Statistischer Anhang ... 122

Karl W. Deutsch

Der Nutzen der Kybernetik für das Unternehmensmanagement

0. Einleitung

1. Grundbegriffe für ein sich selbst steuerndes System - eine kanalorientierte Betrachtung

2. Inhaltsanalytisch orientierte Fragen

3. Anwendungsmöglichkeiten

Prof. Dr. Karl W. Deutsch,
Harvard University, Boston,
Direktor des Internationalen Instituts für Vergleichende Gesellschaftsforschung,
Wissenschaftszentrum Berlin

0. Einleitung

Für die Wissenschaften vom Verhalten der Menschen ist die Kybernetik ein Denkansatz. Dieser Ansatz gestattet es, kybernetische Begriffe anzubieten, die die Unternehmensleiter und Unternehmensforscher vielleicht als Werkzeuge für ihr eigenes Denken und ihre eigenen Analysen verwenden können. Die Kybernetik kann man auch als eine Werkzeugkiste ansehen, aus der sich die Unternehmensleiter und Unternehmensforscher verschiedene Dinge holen können, die sie brauchen könnten, einschließlich einiger merkwürdiger Werkzeuge, die manchen von ihnen noch nicht vorgekommen sind bzw. nicht so in dieser Form vorgekommen sind. Ich möchte mit den Grundbegriffen für ein sich selbst steuerndes System beginnen.

1. Grundbegriffe für ein sich selbst steuerndes System - eine kanalorientierte Betrachtung

10. Information

Als erstes soll die Vorstellung der Information erfolgen. In meinen Mittelschultagen wurde mir noch erklärt, die Naturwissenschaftler sähen die Natur als ein Zusammenspiel von Energie und Materie oder wie vor vielen Jahren Moleschott und Büchner sagten, Kraft und Stoff. Wir sagen heute, daß die Welt nicht aus zwei, sondern aus drei Grundelementen besteht, nämlich Materie, Energie und Information.

Information ist etwas, das materielle Realität besitzt. Es kann gemessen werden. Am Anfang des 18. Jahrhunderts gab es einen Theoretiker, der erklärte, die Elektrizität sei eine so subtile Flüssigkeit, daß ihre Messung für immer der Wissenschaft versagt bleiben würde. Heute haben wir den Zähler im Haus und bekommen und zahlen die entsprechende Rechnung. Information ist heute zählbar, meßbar: man zählt sie nach Bits, also einzelnen Ja- oder Nein-Entscheidungen, oder Bytes, das sind acht Entscheidungen, die etwa einer Auswahl eines Wortes entsprechen. Man kann die Information auch nach komplizierteren Entscheidungen zählen - bei den großen Computern sind es dann schon Kilo-Bytes und Mega-Bytes, die sich aufaddieren, aber man kann es messen. Information ist physisch real, aber sie steht nicht unter den Erhaltungsgesetzen von Energie und Materie. Energie und Materie können wenigstens miteinander gemeinsam nie verschwinden und nie geschaffen werden, zumindest nach den Lehren der modernen Physik. Man kann Energie neu schaffen, aber dann muß Materie zerfallen, und man könnte Teilchen von Materie produzieren, wenn eine unheimliche Menge von Energie verbraucht wird. Aber Energie und Materie miteinander sind weder neu erschaffbar, noch kann man sie vernichten.

Information kann neu geschaffen werden, man kann Elemente so kombinieren, daß eine Kombination herauskommt, die es nie vorher gegeben hat, und Information kann radikal verloren gehen und radikal zerstört werden. Dabei bleibt uns der einzige Trost, daß vielleicht das verlorengegangene Wissen irgendwann irgendwo durch eine Kombination wieder hergestellt wird. D.h., da Kombinationen zwar zerstört, aber auch geschaffen werden können, ist es durchaus möglich, daß etwas, was schon einmal da war und verloren wurde, noch einmal geschaffen wird. Daher ist ja die Vision des George Orwell so unrealistisch. In George Orwells Staat kann man Ideen ausrotten, in der wirklichen Welt kann man das nicht. Hätte irgendjemand den Grafen von Réaumur erschossen, so wäre das Thermometer eben von Herrn Celsius erfunden worden, aber es wäre eben nicht möglich gewesen, auch durch die brutalste Unterdrückung des Grafen von Réaumur, das Thermometer aus der Welt zu schaffen. Das ist etwas besonderes an der Information.

11. System

Der zweite Begriff, den ich anbieten möchte, ist der Begriff des Systems. Ein System ist eine Menge von Elementen, die miteinander in Interdependenzbeziehungen stehen, so daß eine ausgeführte Operation am Element A voraussagbare, zumindest nach der Wahrscheinlichkeit voraussagbare Wirkungen am Element B hat. Wenn ein Schlüssel und ein Schloß zusammenpassen, also ein System bilden, kann man sagen, wenn der Schlüssel gedreht wird, bewegt sich der Riegel im Schloß. Dann und nur dann sind sie ein System. Daran kann man auch erkennen, daß Teile eines Systems einander nicht ähnlich sein müssen. Ein Schlüssel sieht nicht ganz so aus wie ein Schloß, aber sie müssen etwas Information gemeinsam haben. Die Zacken am Schlüssel, z.B. bei dem sogenannten Yale-Schlüssel, müssen den Stiften im Schloß entsprechen.

Systeme, besonders lebendige Systeme, sind weiter gekennzeichnet durch eine viel höhere Häufigkeit der Transaktionen unter den Mitgliedern des Systems als nach außen. Der Abfall in der Transaktionshäufigkeit und auch das Herabsinken der Interdependenzwahrscheinlichkeit führen zusammen dazu, daß man Systeme abgrenzen kann. Diese Abgrenzung kann manchmal solide unterstrichen werden; die meisten Organtiere haben eine Haut und manche Tiere sind sogar ganz beträchtliche Dickhäuter. Auch Staaten grenzen sich ab, es gibt sogar dickhäutige Staaten; in Osteuropa ist das gar nicht so selten. Systeme sind also meist abgrenzbar, und zwar sogar dann, wenn der Grenzwert ganz langsam heruntergeht. Dann gibt es meistens eine kritische Schwelle. Z.B. bildet die Atmosphäre des Erdballs ein System. Sie hat keine scharfe Grenze, sie wird immer dünner zum Weltraum hinaus. Aber es gibt eine Höhe - ich glaube es sind etwa 110 km - oberhalb der Satelliten kreisen können, ohne zu verglühen, und unterhalb der sie sehr bald verglühen würden. Man könnte also z.B. zu Zwecken des Völkerrechts sagen, die Grenze des Nationalstaats wird heute in drei Dimensionen bestimmt: Es gibt die zwei Dimensionen auf der Erdoberfläche und nach oben hört der Nationalstaat bei etwa 110 km Höhe auf. Weiter oben ist der allgemein zugängliche Weltraum. Dort können alle Staaten ihre Geräte herumfliegen lassen und voneinander Momentaufnahmen oder lange Filme machen - und das ist übrigens zur Verhinderung gefährlicher Geheimrüstungen ganz nützlich.

12. Äußere und innere Rückleitung

Die dritte Betrachtung, die ich vorschlage, ist das ganz primitive Grundmodell eines Systems, das Einschub erhält, manchmal sagt man auf deutsch Input, und dann einen Output von sich gibt. Zwischen Input und Output bestehen dann verschiedene Grade einfacherer oder verwickelterer Datenverarbeitung bzw. Informationsverarbeitung. Das Interessante ist aber immer eines: Ein System, bei dem die Information vom Ausstoß des Systems, also vom Output zum Input zurückkehrt, das nennen wir Rückkopplung oder Rückleitung. Manche Leute in Deutschland sagen auch feedback. Mir ist der Ausdruck Rückleitung am liebsten, aber wenn ich Rückleitung sage, so könnte man genauso Rückkopplung oder feedback sagen.

Für viele Systeme ist es wichtig, daß es sowohl eine äußere als auch eine innere Rückleitung gibt. Einerseits wird das System Dinge tun, die auch auf die Außenwelt einwirken, und die Signale von der Außenwelt kommen durch seine Rezeptoren in der Außenwelt zum System zurück. Ich versuche z.B., einen Nagel einzuschlagen, und sehe dann, ob der Nagel in das Brett hineingegangen ist oder nicht. Es gibt andererseits aber auch Rückleitungskreise, die sich im System selbst befinden, die im System bleiben. Im Fall des menschlichen Körpers sind sie durch unsere Haut eingeschlossen. Wir finden dann heraus, was im System vor sich geht. Der amerikanische Kybernetiker Marvin Minsky hat erkannt, daß das, was wir durch innere Rückleitungen erfahren, häufig als unser Seelenleben, unsere Psyche bezeichnet wird und das, was wir durch äußere Rückleitungen erfahren, uns dann sehr häufig eben als der Rest der Welt erscheint. Vielleicht wäre es wichtig und interessant zu erforschen, wieweit betriebsinterne Rückleitungen anders sind, anders bewertet werden, andere Wirkungen haben als Rückleitungen der Außenwelt, ob die Beschwerde von Seiten der Angestellten andere Wirkungen hat als Beschwerden von Seiten der Abnehmer und der Kunden oder Handlungen und Reaktionen von Seiten der Konkurrenz. Im menschlichen Körper sind wir empfindlicher für interne Rückleitungen als für äußere.
In der Betriebswirtschaft habe ich einen Verdacht, daß Rückleitungen vom Markt stärker wirken als Rückleitungen vom Innern eines Betriebes oder des Unternehmens. Was das bedeutet und wie es wirkt, werden die Betriebswirte besser durchschauen können als ich. Aber der Unterschied ist da und seine Existenz spricht vielleicht dafür, ihn weiter zu erforschen.

13. Ungleichgewichtigkeit

Der vierte Begriff, den ich vorschlage, ist der Begriff des Antriebs, den man auf englisch drive nennt. Ein System wird dazu getrieben, sich und sein Verhältnis zur Außenwelt dann zu ändern, wenn es ein beträchtliches inneres Ungleichgewicht hat. Das Ungleichgewicht ist der Vater der Bewegung.

Da würde ich sozusagen für die Philosophie der Wissenschaft vorschlagen, daß uns allzu viele klassische Volkswirte allzu lange erklärt haben wir sollten doch vor allem in Begriffen des Gleichgewichts denken. Ähnlich hat man das auch in der Naturwissenschaft gemacht. Das moderne Denken entfernt sich vom Gleichgewichtsdenken. In der Naturwissenschaft gibt es heute Leute wie den Nobelpreisträger Ilja Prigogine, der sowohl eine Theorie aufgestellt als auch chemische Reaktionen in ungleichgewichtigen Systemen erforscht hat. Auch die modernen Diskussionen über Thermodynamik haben etwas damit zu tun, daß man sich bemüht, in Begriffen von Ungleichgewichtigkeiten zu denken.

In kybernetischen Systemen ist es die Ungleichgewichtigkeit, die ein System überhaupt einmal in Bewegung setzt. Ich will hier hinzufügen, daß der ungleichgewichtige Antrieb, die Tatsache, daß ein System sich ändert, wenn etwas in seinem Innern nicht im Gleichgewicht ist, auch den Physiologen wohl bekannt ist. Claude Bernard und Walter Cannon haben das schon vor langen Jahren ausprobiert. Es ist schließlich das, was ein Psychiater wie Sigmund Freud als das Id, das unpersönliche Es - und ich würde eher sagen die Es-Systeme, die Ids - bezeichnet hat. Eines davon ist der bekannte Blutzuckerspiegel: Wenn ein Mensch zu wenig Zucker im Blut hat, wird er hungrig, wenn er genug Zucker im Blut hat, hört das auf. Aber das Ungleichgewicht zwischen Blutzuckerspiegel und irgendeinem Wert, der im Körper eingebaut ist, führt zur Nahrungssuche. Wenn er durstig ist, gibt es ein ähnliches Ungleichgewicht im Inneren, er begibt sich auf die Suche nach etwas Flüssigem zu trinken. Und wenn er der Gesellschaft des anderen Geschlechts ermangelt, so wird Dr. Freud ausführlich erzählen, daß seine Libido ihn in Bewegung setzt und ihn zum Suchverhalten veranlaßt oder ermuntert. Die Menschen brauchen verschiedene Dinge, und das Interessante ist nun, daß die Koppelung zwischen diesen verschiedenen Ungleichgewichtigkeitsprozessen in der menschlichen Persönlichkeit unvollkommen ist. Das Id ist nicht sehr logisch.

Dieser Begriff Freuds läßt sich nun auf andere Sachverhalte übertragen. Ich muß hier hinzufügen, Freud war nicht nur Psychiater, er war auch Systemtheoretiker und sein einfaches aber geniales Systemmodell des Verhältnisses des Hungers des Id zum Realitätsprinzip, zum Über-Ich, zum Gewissen und zum Problem des steuernden und geplagten Ich hat sehr interessante Aspekte. Wenn man dieses Modell auf einen Staat oder eine Organisation anwendet, dann könnte man sagen, daß das, was die verschiedenen Regelkreise von Hunger, Durst und Liebe im Menschen sind, vielleicht dem ähnelt, was Interessengruppen in der Politik eines Nationalstaates darstellen. Die Bauern wollen höhere Agrarpreise, ohne sich besonders darum zu kümmern, was das für die Kosten der Industrie oder für die Lebenshaltungskosten der Arbeiter bedeutet. Die Gewerkschaften wollen höhere Löhne, auch dann, wenn es die Betriebskosten der Bauern oder der Industrie erhöht. Die Industrie möchte kostengünstigere Löhne haben, auch dann, wenn das vielleicht Probleme für die soziale Stabilität hervorruft. So wie die Ids in der Freudschen Persönlichkeit auf das Ich, so drücken die verschiedenen Interessengruppen im Staat auf die Regierung so gut sie eben können, jede von Ihnen darauf erpicht zu bekommen, was sie am meisten interessiert, und weit weniger darauf erpicht, sich um die anderen zu kümmern. Ob es ähnlich in manchen Betrieben zugeht, muß ich der Beurteilung der Betriebswirte überlassen, aber ich habe Gerüchte gehört, daß das eigentlich auch vorkommen soll.

14. Ziel, Zielbild und Zieländerung

Wenn ein Drive, also eine Ungleichgewichtigkeit zur Verhaltensänderung führt, oft zu Suchverhalten, dann fragt man, wann es endet. Es endet dann, wenn die Ungleichgewichtigkeit so weit herabgemindert ist, daß jede weitere Änderung die Ungleichgewichtigkeit nicht verkleinern, sondern vergrößern würde. Wir sagen, die Ungleichgewichtigkeit sei auf einem relativen Minimum. Herbert Simon hat ausgeführt, man sollte ja nicht glauben, daß es ein einziges Minimum für die ganze Spannweite der möglichen Zustände geben könne, es genügt, wenn das System an einem relativen Minimum angekommen ist. Ein solches relatives Minimum des inneren Unfriedens und der inneren Ungleichgewichtigkeit, des inneren Hungers nennen wir ein Ziel. Ein Ziel ist ein Verhältnis eines Systems zu seiner Umwelt dergestalt, daß die Ungleichgewichtigkeit im Innern des Systems bei einem relativen Mindestpunkt, dem relativen Minimum angelangt ist.

Das ist von der Zielvorstellung zu unterscheiden. Was die Leute glauben, das sie wollen, ist sehr verschieden von dem, was sie sich zufrieden zurücklehnen läßt. Ich war einmal in einem Dorf 100 km südlich von Bombay. Man hatte mir dort eine indische Dorfverwaltung vorgestellt. Ich hatte meinen eigenen Übersetzer vom amerikanischen Konsulat und konnte die Leute direkt fragen. Und da frage ich die Leute: "Was ist für Euer Dorfkomitee das Allerwichtigste?" Dann sagten Sie mir: "Erziehung". Darauf frage ich: "Womit haben Sie sich in den letzten 3 Komiteesitzungen am meisten befaßt?" Sie sagten: "Natürlich mit der Verteilung von Wasser für die Bewässerung." Das heißt, das Zielbild Erziehung und das tatsächliche Ziel, das sie zuerst unruhig sein ließ, wichen erheblich voneinander ab. Erst wenn sie sich schließlich geeinigt hatten, wer das Wasser erhalten sollte oder verteilten sollte, führte dies zu einer gewissen Ruhe im Dorf. Zum Zielzustand gelangt man durch Sättigung oder vielleicht manchmal durch Erschöpfung der Mittel aus der Suchzeit. Beim Zielbild spielen Werte eine viel größere Rolle, denn die Menschen sind mehr wertgesteuert in ihren Zielbildern - das hat mit einem gewissen Zynismus schon Machiavelli gesagt - als in ihrem Zielverhalten, obwohl auch da Werte eine Rolle spielen. Man muß dennoch den Unterschied im Gedächtnis behalten. Ziele sind nicht ewig. Ein reiches oder kompliziertes selbststeuerndes System ist nicht der Sklave seiner Ziele.

Es gibt zwei weitere Prozesse. Rückkopplungsprozesse werden zur Zielsetzung führen und Rückkopplungsprozesse werden zur Zieländerung führen. Und hier ist es vielleicht ganz wichtig zu sehen, wie sehr ein System sich ändern kann, wenn es seine Ziele ändert. Man erinnere sich: Als wir alle kleine Jungen waren, wollten wir wahrscheinlich Feuerwehrleute sein, später wären wir wahrscheinlich gerne geographische Forscher geworden, erst später nahmen wir uns vor, Betriebswirte, Manager oder Professoren zu werden, oft kam das ziemlich spät. Wir haben unsere Ziele geändert als wir älter wurden und mehr Erfahrungen angesammelt hatten. Auch Völker, Nationen und Staaten ändern ihre Ziele. Schweden war eine imperiale Großmacht im 17. und 18. Jahrhundert. Pommern und Rügen waren einmal schwedisch. Die Schweden haben längst den Ehrgeiz aufgegeben, Teile von Deutschland als Kolonie zu beherrschen, sie haben aufgegeben, Rußland oder Finnland zu regieren, und am Ende haben sie sogar den Ehrgeiz aufgegeben, Norwegen unter der schwedischen Krone zu behalten. Das heißt, Länder ändern ihre Ziele. Im Jahre 1515 wurde von den Eidgenossen in der Schweiz beschlossen, daß von da an die Schweizer nie wieder gratis kämpfen würden. Sie erklärten ihre ewige Neutralität, machten einen Soldvertrag für Frankreich und von da an kämpften sie nur noch gegen entsprechende Bezahlung und auch da nur mit beschränkten Kontingenten.

Zieländerung ist etwas ganz wichtiges. Das gibt es ja auch in großen Betrieben oder großen Unternehmungen. Ich war einmal bei der L & M Company in North Carolina. Das war und ist ein großer Zigarettenkonzern. Die Zigarettenindustrie bekam damals einen Heidenschreck von den Erklärungen des amerikanischen Generalarztes, daß es nun wirklich erwiesen sei - und ich glaube, es ist erwiesen -, daß das sehr viele Rauchen die Sterblichkeit an Lungenkrebs beträchtlich erhöht. Die Sitzung war sehr eindrucksvoll. Es waren fünfzig Manager anwesend, einer für jeden Staat. Sie lebten davon, den Menschen Zigaretten zu verkaufen. An jedem Sitz waren in den Armlehnen Aschenbecher eingebaut, auf jeder Armlehne lagen drei Pakete von verschiedenen Zigaretten und von diesen 50 Leuten rauchten in einer vierstündigen Sitzung, von der ich 2 Stunden abhielt und dann ein Kollege von mir auch 2 Stunden, sage und schreibe 4 Leute. Also da hatte sich etwas geändert. Nun, was tat die Firma? Sie änderte ihre Ziele: Die Konzernleitung sagte, man müsse sich nun ausbreiten, und sie gingen auf Whisky, Hundefutter und eine ganze Reihe anderer Dinge über. D.h. das Ziel des Konzerns, Zigarettenverkauf wurde ersetzt durch eine viel breitere Fächerung von Zielen. Ähnlich könnte es umgekehrt sein.

15. Positive und negative Rückleitung

Wenn sich einmal ein Zielbild oder eine Zielsetzung entwickelt hat und die Rückkopplungsprozesse laufen, gibt es zwei fundamentale Arten von Rückkopplungsprozessen. Die eine ist die positive Rückleitung, d.h., daß nachdem das System etwas getan hat ein Signal zurückkommt, das sagt, tue mehr davon, mehr, mehr, mehr. Manchmal kann man auf materieller Ebene eine Analogie dazu finden: Wenn man Geld auf einer Bank anlegt, bekommt man durch Zinsen mehr Geld, und wenn man das Geld auf dem Konto stehen läßt, dann bekommt man im nächsten Jahr noch mehr, und das geht immer weiter. Die Mathematik eines Zinseszinskontos ist identisch mit der Mathematik einer Stange Dynamit. Der Unterschied ist, daß das Zinseszinskonto einen Zyklus von einem Jahr hat oder auch von Tagen, das explodierende Dynamit hat jedoch Rückkopplungszyklen vom Bruchteil einer Sekunde. Aber die Mathematik ist die gleiche.

Die positive Rückleitung besteht in einer Reihenfolge verstärkten zunehmenden Verhaltens. Wir beobachten es bei Waldbränden, bei Explosionen, bei Rüstungswettläufen. Wenn die patriotischen Generäle des Landes A sagen, um sicher zu sein, müssen wir 10 % mehr haben an Schlachtschiffen, Flugzeugen, Interkontinentalraketen, Tanks etc. oder im allgemeinen 10 % mehr Rüstungsausgaben als die anderen, dann sagen die patriotischen Generäle des Landes B, wir müssen auch 10 % voransein. Wenn beide dies glauben und weil die Regierungen überleben wollen, dann betragen die laufenden Ziffern, wenn beide Länder mit einem Index Nr. 100 anfangen, 100, 110, 121, 133, 146, 161, usw. und das Ding geht wie die berühmte Stange Dynamit durch's Dach bis irgendein Land entweder zusammenbricht oder anfängt zu schießen.

Feindbilder und allgemeines Konfliktverhalten sind anfällig für diesen Prozeß der positiven Rückleitung und die positive Rückleitung hat die allgemeine eingebaute Tendenz, sich schließlich der Kontrolle zu entziehen. Sie kann aufhören, wenn dem System, das in der positiven Rückleitung steht, die Mittel ausgehen: Ein Waldbrand hört auf, wenn keine Bäume mehr da sind, die Feuer fangen können. Eine Rüstungsspirale könnte aufhören, wenn den Staaten das Geld ausgeht. Aber das Gefährliche ist, daß positive Rückleitungsprozesse einfach sind, man braucht sehr wenige Informationen für sie: mehr, mehr, mehr genügt. Sie laufen parallel zur Trägheit des Systems. Das System, das schon etwas tut, wird in der Trägheit nur verstärkt, man arbeitet mit der Trägheit, nicht gegen sie. Und man braucht wenig Information und wenig Zeit, das Dynamit besonders wenig. Aber auch wenn es langsam geht, muß man im allgemeinen nicht lange suchen, man muß nicht lange überlegen. Es geht: mehr, mehr, mehr.

Die negative Rückleitung funktioniert anders. In der negativen Rückleitung folgt auf eine Verhaltensweise des Systems zur Umwelt ein Signal, das zurückkommt und das sagt, nicht so, halt ein, mach das anders. Das ist die Basis der Zielannäherung. Wenn dieser Prozeß funktioniert, führt er zu einer Reihenfolge abnehmender Zielabstände. Das Typische ist: Ich strecke meine Hand aus, um eine Feder aufzunehmen, meine Augen sagen mir wo die

Feder ist, meine Nerven im Arm sagen mir wo meine Hand ist, und ich verhalte mich so, daß der Abstand zur Feder kleiner wird. Es gibt Leute mit einer Nervenkrankheit, bei denen das nicht funktioniert. Sie greifen zu weit, dann gehen sie zu stark zurück und in einem sogenannten Zieltrema sind sie hin- und hergerissen bis zum Zusammenbruch - dies ist eine sehr unangenehme Krankheit. Aber im allgemeinen wenn die negative Rückleitung funktioniert, werden die Zielabstände kleiner, man kommt näher und näher an das Ziel heran.

Negative Rückleitungsprozesse sind die Basis für jede Zielstrebigkeit und jede Kontrolle. Wir erfahren das in unserem Familienleben und wir werden entdecken, daß unsere kleinen Sprößlinge zunächst einmal als erstes Wort zu uns das Wort "nein" verwenden. Wenn wir das tun, was das Baby will, muß es ja nicht reden, alles ist in Ordnung. Wenn wir etwas tun, was dem Baby nicht paßt, dann muß es diesen großen dummen Riesen, seinen Eltern, erklären, daß das nicht richtig ist, und die Babys lernen in der einen oder anderen Weise meist sehr eindeutig, den Eltern mitzuteilen, was ihnen nicht paßt. Wenn man jemanden nach dem Weg fragt, kann er ja sagen, gehen sie nur weiter, aber meist muß er sagen, ja dann müssen sie rechts abbiegen oder links abbiegen oder hier hört der Weg auf oder hier sind sie ganz falsch. Wer Auskunft haben will, bittet um negative Rückleitung, viel häufiger als um positive Rückleitung. Das ist der Unterschied zwischen dem Mann der nach Auskunft fragt, um sich in einer fremden Stadt zurechtzufinden, und dem Politiker, von dem man sagt, daß er sich an einen Fachmann wende, so wie ein Betrunkener an einen Laternenpfahl, um Unterstützung, nicht Erleuchtung zu bekommen.

Negative Rückleitung bedeutet Kritik. Eine Gesellschaft oder ein Unternehmen, das Kritik abschaltet, schaltet negative Rückleitung ab und schwächt auf die Dauer den Orientierungsprozeß. Man muß hier aber natürlich hinzufügen, daß der negative Rückleitungsprozeß höhere Kosten impliziert. Höhere Kosten durch Informationsverarbeitung, höhere Kosten durch Zeit und manchmal auch höhere Kosten durch materielle Mittel. Dazu bedeutet negative Rückleitung, daß man gegen die Trägheit des Systems arbeiten muß und nicht mit ihr. Noch dazu kommt die seelische Mühe der Menschen, denn ein Mensch, der etwas gemacht hat, identifiziert sich oft damit. Wenn man sagt, das ist falsch, das mußt du anders machen, fühlt er sich etwas verletzt. All diese Gründe führen oft zur Ablehnung der negativen Rückleitung, aber auf die Dauer ist negative Rückleitung, so scheint es mir, unentbehrlich. Sie ist umso schwieriger zu erhalten, je höher man im Unternehmen steht. Freud sprach vom Realitätsprinzip. Jemand ist durstig, stürzt sich zum Wasser rüber, um etwas zu trinken, aber das Wasser ist leider salzig. Das Realitätsprinzip sagt, das kannst du nicht trinken. Das ist frustrierend und unangenehm und schwierig, aber wahr.

Oft ist Realitätsrückleitung, negative Rückleitung unwillkommen. Und sie ist umso unwillkommener, je überlasteter und je ermüdeter der Manager ist und je eiliger er es hat und je größer der Zeitdruck ist, unter dem er handeln muß. Ein typisches Beispiel sind die amerikanischen Präsidenten. Typisch kommt der amerikanische Präsident ins Amt und sagt allen seinen Mitarbeitern, ich will Kritik haben, sagt mir die Wahrheit, sprecht offen zu mir. Das dauert ein bis zwei Jahre. Am Ende des zweiten Jahres in der Amtszeit ist der arme Mann so geplagt, so überlastet von den vielen Fäden, den vielen Problemen, die bei ihm alle zusammenlaufen, daß der Mann sagt, um Gottes willen stärkt mich, unterstützt mich. Er braucht dann nur noch ihre Unterstützung für seine Ich-Stärkung. Dies erkennt man sogar, wenn man sich einfach die Fotographien anschaut. Ich habe in einem Buch von mir solche Fotographien von amerikanischen Präsidenten abgedruckt, wie sie am Anfang ihrer Amtszeit aussehen und wie erschöpft und ausgemergelt jeweils der gleiche Präsident nach vier Jahren im Amt aussieht. Dann kann man verstehen, daß der Präsident in den letzten Jahren seiner Amtszeit keine Kritik und keine negative Rückleitung mehr brauchen kann. Da aber negative Rückleitung zur Kontrolle unerläßlich ist, heißt dies, daß dem überlasteten Manager im Zeitablauf und mit zunehmender Belastung die Kontrolle entgleiten und seine Kontrollfähigkeiten sinken können.

Allgemein könnte man auch sagen, je höher gestellter der Manager und je größer oder machtvoller die Firma oder Organisation, desto geringer ist die Wirksamkeit der negativen Rückleitung. Kurz ausgedrückt: Die Blindheit ist eine Berufskrankheit der Macht. Eine Berufskrankheit bedeutet noch nicht, daß alle Asbest-Arbeiter Krebs oder alle Radium-Bergleute Lungenkrebs bekommen, aber es bedeutet, daß mehr Manager in der Gefahr sind, daß ihnen weniger und weniger bekannt wird und daß sie weniger und weniger Informationen, die sie brauchen würden, bekommen und aufzunehmen und zu verarbeiten vermögen, je größer ihre Macht ist und je größer der Zeitdruck ist, unter dem sie arbeiten müssen. Diese Nachteile der Macht können durch besondere Einrichtungen gemildert oder ausgeglichen werden. Aber man muß wissen, daß die Tendenz zu diesem Niedergang der Entscheidungsfähigkeit und zu diesem Niedergang des Informationseinschubs in der Position des hochgestellten Managers eingebaut und vorprogrammiert ist.

Vergessen wir dabei nicht, je größer die Firma und Organisation, desto größer ist die Trägheit des Systems, desto weniger negative Signale gelangen zur Spitze und desto überlasteter ist der Spitzenmanager. Darüberhinaus muß man dann noch etwas in Rechnung stellen. Im menschlichen Organismus gibt es eine physiologische Sättigung, in der Welt der großen Organisationen unter Menschen gibt es keinen Sättigungsgrad, eher eine Tendenz zu Unersättlichkeit des Strebens nach Geld und des Bedarfes an Geld und des Bedarfes an Macht. Über Macht hat das Machiavelli gesagt, über Geld haben es die klassischen Ökonomen gesagt. Und man kann auch von einem Psychologen hinzufügen, es gibt auch eine geringe Sättigungsfähigkeit des Wunsches nach Prestige. Manche Leute können zufrieden werden, manche Leute können es nicht.

Was kann man nun machen? Es gibt eine ganze Menge verschiedener Dinge. Da sind einige kompensatorische Einrichtungen, an die Leute gedacht haben, um diesen Informationsverfall an der Spitze der Macht in Schranken zu halten. Man hat Beiräte eingeführt, Aufsichtsräte eingeführt, von oben, Betriebsräte von der Belegschaft, Parlamente für Herrscher, Kundenbefragungen für Firmen, einen besonderen Wehrbeauftragten für die Bundeswehr, in jedem Falle jemand, zu dem die Leute gehen können und der dann in einer effizienteren Weise ihre negative Rückleitungsinformationen nach oben weitergibt. Vollkommen sind alle diese Beispiele nicht, aber da es so viele sind wird deutlich, daß der Bedarf echt ist. Vielleicht wird mancher Manager noch allerhand sehr interessante Sachen erfinden, wie das noch gemacht werden kann.

16. Last, Verzögerung und Korrekturstärke

Die negative Rückleitung hat außerdem noch besondere Probleme. Es gibt erstens eine Last, denn wenn man ein Ziel verfolgt, muß das Ziel ja nicht stillstehen. Man denke an den Windhund, der versucht, ein wildes Kaninchen zu fangen. Der Windhund ist größer und stärker, er hat längere Beine, ist auch schwerer und massiver und läuft viel schneller als das Kaninchen. Aber da er groß und schwer ist und einen hochgelegenen Schwerpunkt hat, kann das kurzbeinige Kaninchen, das wenig wiegt und einen niedrig gelegenen Schwerpunkt hat, Haken schlagen, viel schneller als es der Windhund kann. Wenn das Kaninchen einen Haken schlägt, sieht das der Windhund, dann muß er bremsen, dann muß er sich umdrehen, dann muß er wieder in großer Geschwindigkeit in eine neue Richtung umlenken und loslegen und inzwischen schlägt das Kaninchen einen anderen Haken und mit Glück kommt das Kaninchen in irgendein Dickicht hinein, wohin der Windhund ihm nicht folgen kann. Es gibt dann nur einen enttäuschten und hungrigen Windhund. Die Zahl der Entscheidungen pro Zeiteinheit die ein zielstrebiges System fällen muß, die Zahl der Verhaltensänderungen pro Zeiteinheit, die es durchführen muß, könnte man als die kybernetische Last des Systems bezeichnen. In einem menschlichen System, in einem Staat oder in einem Unternehmen gibt es nämlich mehr als eine dieser Belastungen. Man muß Kunden zufriedenstellen, die in einem Jahr kleine sparsame Autos haben wollen und im anderen Jahr große bequeme. Dann muß man sich manchmal rasch umstellen und General Motors zumindest hat das nicht sehr gut getroffen. Als das Öl sehr teuer wurde erzeugte General Motors noch ungefähr 2 Jahre lang Straßenkreuzer und hatte dadurch Absatzschwierigkeiten. Die Last bedeutet, welche und wieviel Kursänderungsleistungen das System pro Zeiteinheit bringen muß. Aber wenn das System die Information bekommt, der Kurs muß geändert werden, ändert das ja noch nicht den Kurs.

Die zweite Größe, die jetzt wichtig ist, ist die Verzögerung. Wenn eine Flugabwehrbatterie herausbekommt, daß ein einfliegender Bombenflieger seine Richtung geändert hat, muß man die Geschütze anderswohin richten, aber es dauert ganze vier Sekunden bevor eine Flugabwehrgranate überhaupt in die Höhe des angreifenden Bombenfliegers kommt, wenn der Bombenflieger auf 10.000 m Höhe fliegt. Die Verzögerung in der Kurskorrektur ist eine der wichtigsten und kritischsten Größen. Man denke an die Geschichte von einem Anfänger als Lehrer in einer Dorfschule, der vor den Kindern einen Vortrag hält und ein kleiner Junge in der letzten Bank wird unruhig und plötzlich macht er ein kleines Knäuel aus Papier, spuckt darauf und wirft es auf den Lehrer als dieser sich gerade der schwarzen Wandtafel zuwendet. Der Lehrer hat nicht gesehen wer geworfen hat und dreht sich um: "Wer war das?" Die Kinder sehen alle fromm und unschuldig drein. "Ihr müßt alle gestehen, ihr müßt ihn ausliefern." Kein Mensch sagt etwas. "Ihr bleibt alle nach dem Unterricht hier oder Ihr müßt alle eine Strafarbeit schreiben." Das nächste Mal gibt es mehr sogenannte Spuckbälle oder es kann eskalieren bis zu Reißnägeln auf dem Sitz des Lehrers und ähnlichen Dingen. D.h. die Verzögerung, zu merken was hätte korrigiert werden sollen, war so groß, daß die Überkorrektur, die Strafe für die Schüler die Sache nur ärger macht. D.h. wenn die Verzögerung groß ist, wird auch eine massive Korrektur sehr leicht zur Überkorrektur.

Man erinnere sich, wie wir alle Autofahren gelernt haben. Wir fuhren da entlang und plötzlich bewegte sich die Nase unseres Autos in Richtung rechter Straßengraben. Dann schleunigst das Lenkrad ein wenig nach links gedreht und plötzlich sahen wir die Bewegung zum linken Straßengraben. Später haben wir gelernt, früher zu merken wo die Reise hingeht und kleinere Korrekturen durchzuführen, dann kann man Autofahren. Aber bis heute gibt es diktatorische Regimes und die hat es in der Geschichte oft gegeben, die zuerst einmal eine Rechtsabweichung ziemlich brutal unterdrückten, daraufhin gab es eine Linksabweichung. Dann haben sie die unterdrückt und so sind sie wie ein Anfänger beim Autolenken wohl ziemlich gefährlich die Straße der Geschichte hinuntergefahren.

Ich sprach von Last, von Verzögerung und von Korrekturstärke. Wie kann man aus der Gefahr des Übersteuerns herauskommen? Ich sagte schon, man muß früher merken wo der Kurs hingeht und früher und schneller, aber kleiner korrigieren. Um das zu wissen, muß man häufig voraussagen. Ein Entenjäger schießt seine Schrotladung nicht dorthin wo die Ente ist, sondern dorthin wo sie seiner Erwägung nach sein wird. Eine Flugabwehrbatterie schießt ein Muster von sagen wir vier Granaten in den Himmel, so daß sie einen beträchtlichen Teil des Gebietes abdeckt, in das ein Flieger hineinfliegen könnte, wenn er ausweichen wollte. Das heißt lead oder Voraussage, Vorwegnahme wäre vielleicht das beste deutsche Wort dafür. Die Vorwegnahme ihrerseits unterliegt dem Irrtumsrisiko.

Hier ergibt sich auch eine Frage für die Betriebswirtschaft. Die Leute, die interkontinentale Lenkgeschosse, z.B. Raketen entwerfen, haben den schönen Begriff des CEP, der Circular Error Probability, also des wahrscheinlichen Irrtumskreises innerhalb dessen 50 Prozent der Geschosse landen würden: Mißt dieser Kreis 50 m, 500 m oder 5.000 m vom Zielpunkt? Was ist die Circular Error Probability eines Generaldirektors? Was ist die Circular Error Probability, also die Wahrscheinlichkeit so und soweit weg vom Ziel zu kommen, eines Entscheidungsgremiums, in dem nicht einzelne Individuen entscheiden? Es wäre gut, wenn man die Irrtumshäufigkeit und Irrtumsgröße schätzen könnte und immer etwas dazu schreiben würde wie es die Naturwissenschaftler oft tun: Sie sagen, diese Meßgröße ist zehn plus minus drei. Ich glaube, damit wäre uns in manchen Situationen mehr geholfen. Zu oft versucht ein Politiker seinen Wählern im Brustton der Überzeugung zu erklären, wir wüßten ganz genau, daß diese oder jene Wirtschaftspolitik genau die gewünschten Resultate geben werde. Vielleicht können wir eines Tages zu dem Reifegrad der Demokratie kommen, in dem ein Politiker sagt, ich glaube meine Politik wird ungefähr die Arbeitslosenziffer so und soviel heruntersetzen, aber wir müssen dazu rechnen plus minus eine Million oder eine halbe Million. Das klingt weniger anziehend für die Wähler, aber vielleicht ehrlicher. Und irgendwann werden die Wähler vielleicht diese Ehrlichkeit honorieren.

17. Gedächtnis und Dissoziation

Ich möchte nun zu einem anderen Begriff übergehen, dem Begriff des Gedächtnisses. Das Gedächtnis speichert Informationen, aber über zwei ganz verschiedene Kategorien. Auf einer Seite kann man im Gedächtnis Daten aller Art speichern. Aber man speichert im Gedächtnis auch Instruktionen für Programme und wenn ein Gedächtnis Programme speichert, ist es reichhaltiger, wichtiger als eines, welches das nicht tut. Wenn man ein Programm speichert, es aber nicht ausführt, ist das ein guter Vorsatz. Wie man weiß ist das ein interessantes Material zur Pflasterung bestimmter Wege. Wenn man aber beginnt, ein Programm auszuführen, dann ist der noch nicht ausgeführte Teil des Programms, für das man bereits engagiert ist, eine Intention. Eine Intention ist ein engagiertes, aber noch nicht vollendetes Programm. Also eine ernste Absicht sozusagen. Der Unterschied zwischen guten Vorsätzen und ernsten Absichten liegt im Grad des Engagements, das man bereits eingegangen ist, oder dem Grad, zu dem man diese Programmsequenz bereits erfüllt hat. Man ruft die gespeicherten Daten und Programme ab, man befördert sie in die Ausführung, dann werden sie Vorsätze bis sie fertig sind.

Aber außerdem müßte man ein Gedächtnis auch unterscheiden zwischen dem Kurzzeitgedächtnis, in dem man sich Dinge merkt - man schaut eine Telefonnummer nach, in den nächsten 10 Minuten weiß man sie und ruft an, am nächsten Tag hat man sie vergessen - und dem Tiefengedächtnis, in dem man Dinge für eine lange Zeit aufbewahrt. Wie das geschieht wissen wir noch nicht gut, es ist nicht sehr rational und ein Teil dessen, was wir im Tiefengedächtnis haben, ist gar nicht so leicht abrufbar. Aber es stellt sich heraus, daß wenn man Leute hypnotisiert, eine überraschend große Zahl von Leuten in der Lage ist, den Namen ihres ersten Volksschullehrers zu nennen. Ohne Hypnose hätten sie ihn nicht für den Preis ihres Lebens nennen können. Irgendwo ist diese Information da, aber man muß ziemlich tief graben bis man sie findet. Wie wir wissen findet im Tiefengedächtnis Dissoziation statt, also die kritische Aufsplitterung von Informationsmustern. Man sieht einen Vogel, man separiert im Gedächtnis die Flügel des Vogels vom Vogel. Man beginnt sie dann zu kombinieren, wenn man Lust hat, kann man das zur Dekoration machen und befördert Adlerflügel an den Helm eines Wikingers. Aber Irgendjemandem fällt dann ein zu sagen, wie wär's wenn wir diese Flügel an die Schultern eines Menschen brächten, und dann denkt man an die Möglichkeit des menschlichen Fluges, viele Jahrhunderte bevor das erste Flugzeug fliegt. Wir finden diese kombinatorische Leistung, Flügel an den Körper eines Menschen zu bringen und vom menschlichen Flug zu träumen, bei den amerikanischen Indianern. Ich habe solche geflügelten Gestalten in Felsenskulpturen in Indien gesehen, bei den Griechen waren das Ikarus und Dädalus, bei den alten Germanen war es Wieland der Schmied, der hat das mit Metallflügeln gemacht, fast in einer Vorwegnahme der späteren Ganz-Metallflugzeuge. Auf jeden Fall kann man solche Kombinationen vollziehen und das bedeutet, daß man Dinge kombinieren kann, die noch niemals vorher in der Wirklichkeit existiert haben.

Wenn das einmal gemacht worden ist, gibt es für die Rekombination eine Vielfalt von Möglichkeiten. Es folgt, daß die kritische Dissoziation unerläßlich ist, wenn man Elemente zu rekombinieren beabsichtigt. Ich dachte an einen Professor der Physik, der mir sagte, Einstein habe eine großartige Leistung in der Relativitätstheorie vollbracht, aber von der Quantenphysik habe er nichts verstanden. Das ist das Gegenteil des autoritären Denkens.

Es ist eine konstruktive Form der Kritik. Er hat nicht gesagt, Einstein ist ein großes Genie, was er sagt muß richtig sein, er sagte, er hatte Recht in der Relativitätstheorie und Unrecht in der Quantenphysik. Das heißt Dissoziation ist etwas ganz Wesentliches. Autoritätsglauben spart Zeit. Man muß nichts ausprobieren, man glaubt es, denn es hat schon eine Schutzmarke. Eine Meinung mit Schutzmarke muß schon richtig sein. Dissoziation ist kritisch, sie prüft und sie gibt auf die Dauer viel mehr einzelne Elemente zur schöpferischen Neuzusammensetzung.

Wenn man eine neue Kombination hat, kann man sie zum Handeln anwenden. Neue Kombinationen zum Handeln angewendet heißt Initiative, und wenn es gelingt nach einer Initiative sehr viele Leute dazu zu bringen, diese neuen Handlungsmuster anzunehmen, dann und nur dann sprechen wir nach Schumpeter von der Innovation. Pasteur entdeckte, daß Milch keimfrei wird, wenn man sie auf über 40 °C erhitzt. Aber hunderte von Molkereien dazu zu bringen, die Milch so zu behandeln, und hunderte von Milchläden dazu zu bringen, die so behandelte Milch so, immer noch keimfrei zu verkaufen, das war eine Innovation. Es steht dafür zu fragen, wie man von der Kritik der Dissoziation zur schöpferischen Neuzusammensetzung, zur tatkräftigen Initiative und dann zur Massenüberredung, zur Innovation kommt.

18. Filter und Wille

Ein ganz anderer Begriff, der auch noch aus der Kybernetik kommt, ist der Begriff des Filters. Es gibt so und so viele Informationseinheiten, die ankommen. Man kann versuchen, bestimmte von ihnen auszuschalten und selektiv nur andere durchzulassen. Das geschieht in der menschlichen Physiologie zum Teil automatisch. Es gibt ein großes elektromagnetisches Spektrum, von dem unsere Augen nur einen verhältnismäßig kleinen Ausschnitt vom violetten Licht bis zum roten wahrnehmen. Ultraviolett und Infrarot sind schon nicht mehr dabei. Erst jetzt in diesem Jahrhundert haben die Wissenschaftler gelernt, mit besonderen Instrumenten das gesamte elektromagnetische Spektrum anzuzapfen. Aber das könnte ein menschliches Gehirn nicht mehr verarbeiten, das kann nur noch kollektiv in der Organisation und durch systematische Wissenschaft gemacht werden. Filter entlasten das EDV-System,

Filter auf der anderen Seite bedeuten also auch sehr oft eine Unterdrückung. Man kann Dinge filtern, die einem unangenehm sind. Die Amerikaner haben zur Zeit des Vietnam-Krieges den Kindern gesagt, Amerika habe nie einen Krieg verloren. In den kanadischen Geschichtsbüchern stand inzwischen, daß die Kanadier 1812 den Krieg gegen die Amerikaner gewonnen hätten. Die amerikanische Armee marschierte nach Quebec und wie amerikanische Geschichtsbücher sagen, kehrte dann zu den Ausgangspositionen zurück. Die Kanadier haben das mit Recht saftiger geschildert. Das sind Filter. Man erzählt dem eigenen Volk eben fast immer nur die großen Triumphe, zur Förderung der Ich-Stärke. Darum gibt es in Paris den Gare d'Austerlitz und in London gibt es Waterloo-Station. Wenn man die Namen austauscht, würde es in beiden Ländern einen gewissen Schrecken geben.

Vom Filter kommt der Wille. Wille ist eine Kombination von Filterung und Zeit. Wille bedeutet, daß nur die Information, die man vor einem Entscheidungszeitpunkt bekommen hat, in die Entscheidung eingeht. Dann aber ist Schluß. Der Satz in der Druckerei wird zugesperrt, der Zug fährt ab, das Buch geht in Druck, das Stück muß nun endlich über die Bühne gehen, am Spieltisch werden keine weiteren Wetten angenommen. Das ist mit politischen Plänen auch nicht anders. Ohne Willen kann man nicht handeln. Wenn man endlos immer wieder neues Wissen hineintut und noch eine Kommission hat und noch einmal anfragt und es noch einmal versucht, tut man ja nichts. Aber Wille bedeutet auch, daß vielleicht wichtige Informationen, die später ankamen, nicht mehr berücksichtigt werden. Wille ist unerläßlich zum Handeln, aber hat die eingebaute Gefahr, Irrtümer irreversibel zu machen.

19. Bewußtsein

Der letzte Punkt: Bewußtsein. Ich habe hier eine ganze Menge komplizierter Dinge vorgeschlagen. Ich hätte noch hinzufügen sollen: Die Empfänger, die Effektoren in solchen Systemen und die verschiedenen Aspekte des Gedächtnisses und all der Filter. Wie soll dieses System wissen was eigentlich in ihm selbst vorgeht? Und die Antwort darauf ist, durch die Überwachung radikal abgekürzter Sekundär-Symbole. Es kommt ein Bericht von der deutschen Botschaft aus Kamerun nach Bonn und da ja die Bundesrepublik wahrscheinlich über hundert Botschaften in der Welt hat, kann nicht einmal Herr Genscher das alles lesen und unser George Shultz, der ein kluger Mann ist, der kann die Berichte an sein Ministerium auch nicht alle lesen.

Was tut man? Man setzt auf jeden Bericht eine Zusammenfassung auf, die nur eine Seite lang ist, und darin soll stehen, was eigentlich in dem langen Bericht enthalten ist. Und wenn der Zeitdruck groß ist, dann setzt man noch oben auf dieses eine Blatt einen Paragraphen drauf, der das eine Blatt zusammenfassen soll. Das gelangt dann vielleicht noch zum Staatssekretär. Der bekommt dann diese Auszüge von Auszügen auf seinen Tisch, faßt sie so gut er kann zusammen und trägt das dann dem Präsidenten in einer Stunde vor, wenigstens war es unter früheren Präsidenten der Fall - bei Präsident Reagan könnte es etwas kürzer geworden sein. Aber in jedem Fall - auch der Präsident muß sich ja um 100 andere Dinge kümmern - muß man unerhört verdichtete, unerhört vereinfachte, eigentlich verarmte Informationen hinaufbringen, damit man noch überwachen kann was vorgeht.

Ein anderer Aspekt: Wenn ein Dokument ins State Department kommt, bekommt es seine Nummer. Diese Nummer geht in ein besonderes Büro, das heißt Document Control Center und dieses Büro weiß dann lediglich von der Nummer und dem Titel des Dokuments, daß es überhaupt mal da ist. Dann versucht man herauszukriegen, an wen das Dokument weitergeschickt wurde und wo es denn wohl stecken könnte. Man findet es nachher nicht immer, wenn man es sucht, aber man findet es häufig. Das heißt wiederum, das Document Control Center weiß nicht viel von den Einzelheiten in dem Dokument, aber es weiß, daß es das Dokument gibt und sollte wissen, wo es ist und wo es im nächsten Schritt hingehen soll.

Diese Probleme sind allen Regierungen und allen großen Organisationen gemeinsam. Ich weiß nicht wieviele Informationen im Laufe eines Tages, einer Woche bei Mercedes ankommen, aber es dürften nicht wenige sein. Von ihren Verkäufern in den verschiedenen Ländern, von den Ingenieuren, von ihren Experten, Experimenten, von den Leuten, die etwas über Bausicherheit sagen, und vom Betriebsrat, der was zu sagen hat, und von allen möglichen anderen Leuten und von den Finanzfachmännern wird gesagt, was die Änderung des Zinsfußes für die Verkaufschancen im nächsten halben Jahr bedeuten könnte usw. Wer soll das alles lesen? Wie kann man das zusammenfassen? Man kann es, insoweit es gelingt, abgekürzte, vereinfachte Zusammenfassungen zahlreicher primärer Nachrichten zur gleichzeitigen Darstellung und Konfrontation auf einen Schirm oder auf ein großes Produktionsflußdiagramm oder auf eine Situationskarte zu bringen. Ein solcher Bildschirm der in einer Befehlszentrale der Vereinigten Staaten die Positionen der amerikanischen und der sowjetischen Flugstreitkräfte zeigt, wurde in dem Film "Dr. Seltsam" vorgeführt.

Es gibt auch bei Flugzeugträgern ein vereinfachtes Modell, das zeigt wo jedes der eigenen Flugzeuge ist, welche noch unten im Schiffsraum sind, welche gerade in den Liften stecken, die sie heraufbringen sollen, welche es auf dem Flugdeck gibt und welche gerade fliegen und zu landen versuchen. Das wird auch wieder simultan dargestellt und schnelle Entscheidungen können getroffen werden.

Das sind Formen der gleichzeitigen Darstellung und Konfrontation für schnelle Entscheidungen, und ich schlage vor, das es das ist, was wir Bewußtsein nennen und worüber so viele klassische Philosophen sehr wichtige und interessante Dinge geschrieben haben. Was ist das Bewußtsein einer großen Aktiengesellschaft? Was weiß sie von sich selbst? Aristoteles schrieb einmal, daß die Stadt Babylon sich drei Tage lang nicht dessen bewußt war, daß sie gefallen war. Das war für ihn also das Schulbeispiel für den Nachteil unorganisierter und unüberwachter und unbewußter Ausdehnung eines politischen Gemeinwesens. Er zog daraus den Schluß, die Städte sollten gefälligst kleiner bleiben.

2. Inhaltsanalytisch orientierte Fragen

Ich habe nun etwa ein Dutzend von solchen Begriffen vorgeschlagen, die man aus der Werkzeugkiste holen kann. Ich will zum Schluß noch kurz auf einen anderen Ansatz der Kommunikationstheorie eingehen. Die bisher vorgetragenen Begriffe stellen eine kanalorientierte Kommunikationsanalyse dar, mit den Fragen: Was geht von wo wohin, wo gibt es einen Filter, wo gibt es eine Rückleitung usw.? Man könnte aber auch fragen: Was ist der Inhalt der Botschaften, der Nachrichten, die übertragen werden?

Für eine solche inhaltsanalytisch orientierte Untersuchung schlage ich zehn Fragen vor. Die ersten vier sind fast rein kognitiv. Wenn irgendeine solche Nachricht kommt, ist die erste Frage: In welcher Sprache ist sie abgefaßt? Ist sie überhaupt verständlich? Ist sie verschlüsselt, kann man sie entschlüsseln und entziffern? Dann erst kommt die zweite Frage nach der Quelle: Wer spricht? Die dritte Frage: Wovon ist die Rede? Denn ob es sich um einen Liebesbrief handelt, um einen Scherz, um eine Drohung, um ein Versprechen, um ein Geschäftsangebot, macht einen ganz großen Unterschied aus. Der Sinn einer Nachricht ist der Context einer Nachricht. Darum spricht man ja auch von Sinnzusammenhang. Sinn ist Zusammenhang. Die berühmte Frage nach Sinn und Sinnstiftung, ist die Frage nach dem Zusammenhang unseres Denkens und Fühlens mit anderen Dingen, meist mit Dingen, größer als wir selbst. Dann, wenn wir wissen in welcher Sprache die Nachricht kommt, wenn wir wissen wer spricht und wovon die Rede ist, dann fragt man nach dem Inhalt: Was wird denn schließlich gesagt? Das sind die vier kognitiven Fragen.

Dann aber gibt es vier emotionale Fragen, die einen ganz großen Unterschied darüber ausmachen wie man eine Nachricht aufnimmt. Ich werde versuchen, sie in Anlehnung an das Systemmodell des Dr. Freud, das ich schon erwähnte, aufzuzählen. Die erste: Erregt die Nachricht Lust oder Unlust, ist sie angenehm oder unangenehm? Sie werden wissen wie gern es die Menschen haben, unangenehme Nachrichten hinauszuschieben, zu vergessen oder sich nicht allzusehr um sie zu kümmern, und was für einen Spaß es macht, eine angenehme Nachricht weiterzuverfolgen. Die zweite Frage ist das Wirklichkeits- oder Realitätsprinzip. Ist die Nachricht wahr oder falsch? Das mag nun sehr wenig mit Lust- oder Unlustgefühl, das diese Nachricht erweckt, zu tun haben.

Die dritte Frage ist: Ist die Nachricht gut oder böse, moralisch oder unmoralisch? Wir hatten ja in vielen Ländern seit den Tagen des 16. Jahrhunderts, aber auch in Deutschland und sonstwo die Theorie der Staatsräson, wonach es zwar wichtig sei, für einzelne Staatsbürger sich zu fragen, was moralisch und was unmoralisch sei, wonach das aber für Staaten nicht gelte. Der Staat habe keine andere Aufgabe als die Selbsterhaltung. Diese Selbsterhaltung erfordere eine reine Machtpolitik und es sei ganz und gar abwegig, moralische Hemmnisse einzuschalten. Von Rotterdam bis Hiroshima haben wir erlebt, daß diese Probleme nicht so einfach sind. Und man muß doch schon sagen, die

Moraldimension, was Freud das Über-Ich nannte, ist wichtig. Wir bemühen uns als Eltern, unseren Kindern so gut wie wir es eben können etwas Moral beizubringen, ihnen beizubringen, was gut und schlecht ist, und in den meisten von uns ist ein Gefühl des Über-Ichs, ein Gefühl der Moral vorhanden. Auch wenn wir was tun, was wir nicht tun sollten, haben wir zumindest die Kosten des intra-psychischen Konflikts in unserer eigenen Seele zu tragen, dessen was man schlicht Gewissensbisse nennt.

Staaten haben kaum Gewissensbisse. Außenminister haben sie selten, soweit man auf ihre Memoiren zurückgreifen kann. Ich kenne keinen Außenminister, dessen Memoiren ein paar klare Anzeichen von Gewissensbissen enthalten. Im Staat ist das Über-Ich unterentwickelt. Im Staat ist aber das Id, das Es, der Hunger und das Lustprinzip stark. Was macht den Wählern Freude, was macht den wichtigen Machtgruppen, Einflußgruppen und Interessengruppen Freude? Und das Realitätsprinzip, besonders in der Außenpolitik, ist schwach entwickelt. Die 1930iger Jahre waren Jahre der Ahnungslosigkeit. Die Engländer wußten nicht was sie taten als sie 1934 dem Wiederaufbau der deutschen Luftwaffe zustimmten, die dann wenige Jahre später über London-Coventry erschien. Die Regierung Adolf Hitlers hatte keine Ahnung von dem, was sie mit der Operation Barbarossa und der Entsendung deutscher Truppen in das russische Eis und den russischen Schnee anfing, und Hitler wußte auch nicht genau was er tat als er aus eigener Machtvollkommenheit am 8. Dezember 1941 Amerika den Krieg erklärte. Er brachte das deutsche Volk in den Krieg mit zwei Riesen-Ländern und wußte sehr wenig von den kommenden Folgen. Viele Jahre früher schon versprach der deutsche Kaiser seinen Truppen im August 1914, sie würden zu Weihnachten wieder zu Hause sein, er hatte keine Ahnung wovon er redete. Das Element der Ahnungslosigkeit bei großen Entscheidungen, besonders politischen Entscheidungen, ist sehr sehr beträchtlich. Privatfirmen sind oft realistischer, aber nicht immer. Das berühmte Automobil Edsel, von Ford gebaut und nach einem Mitglied der Familie benannt, ist ein Beispiel dafür wie man sich auch dort irren kann.

Ich sprach von drei Begriffspaaren, Lust, Unlust, wahr, falsch, moralisch, unmoralisch und ich sagte, daß die Balance bei Staaten schlechter und gefährlicher ist als bei Einzelmenschen. Wo sie bei Firmen liegt weiß ich nicht, aber ich glaube, sie sind oft besser als Regierungen.

Dann gibt es die Frage, ist die Nachricht ich-stärkend oder nicht. Da gibt es eine schöne Zeile im Roman des Grafen Kaiserling: Ein alter Adeliger aus Ostelbien sagte: "Das ist nicht wahr, das kann nicht wahr sein, denn wenn das wahr wäre, dann wäre ich nicht der Graf von soundso, sondern ein alter Narr und da sei Gott davor." D.h. wenn etwas die Ich-Stärke lädiert, dann ist die Versuchung unerhört groß, bei einzelnen und bei Kollektivitäten, so zu tun, als wäre diese Wahrheit nicht wahr. So haben die Amerikaner sich lange eingeredet, sie seien erfolgreicher in Vietnam als sie es waren. So ist das auch anderen Ländern passiert, und dieses Problem der Ablehnung von Realitätsnachrichten oder von moralischen Nachrichten, um die Ich-Stärke zu verteidigen, ist in der Politik ganz groß. Wieweit das nun auch eine Bedeutung für wirtschaftliche Unternehmen hat, müssen Betriebswirte besser wissen als ich.

Es gibt schließlich nach diesen vier emotionalen Fragen noch zwei praktische. Wie paßt die Nachricht in die Pläne, die ich schon habe, wie paßt sie zu meinen Absichten, zu meinen Intentionen? Und die letzte und zehnte Frage ist eine pragmatische: Was ist zu tun?

3. Anwendungsmöglichkeiten

Ich bin damit am Ende der Werkzeugkiste. Ich möchte noch daran erinnern, daß diese Überlegungen anwendbar sind. Ich habe mit einem Kollegen eine Arbeit über Dezentralisierung geschrieben. Wir wurden dazu provoziert, weil ein strategischer Spezialist erklärte, Entfernung sei unwichtig geworden und das Wichtigste sei nun die Geschwindigkeit der Kommunikation und die Geschwindigkeit des Transports. Daraufhin haben wir uns hingesetzt und haben versucht, herauszufinden was es da alles gibt.

Wir fanden, daß Dezentralisierung z.B. allein acht Dimensionen hat. Man fragt: Soll man pluralisieren, wieviel Schalter sollen am Postamt aufgemacht werden? Das ist Pluralisierung. Die zweite Frage ist: Zerstreuung? Soll man die Postämter in allen Stadtbezirken haben oder sollen die meisten Leute zum Hauptpostamt pilgern? Die dritte: Spezialisierung? Sollte es ein besonderes

Postamt für diese Post geben und ein anderes für jene, oder sollte es einen Gerichtshof geben für Zivilangelegenheiten, einen für Strafsachen und einen für Automobilfragen? Sollte man einen besonderen Familien-Gerichtshof haben? Da ist die Frage der Anpassung und Responsivität.[1] Wie schnell kann man eine Antwort von erträglicher Qualität auf eine Anfrage bekommen? Die amerikanischen Telefongesellschaften fragen, wie hoch ist die Wahrscheinlichkeit, eine gewünschte Nummer innerhalb von 60 Sekunden zu bekommen. Wenn die Chance 90 Prozent ist, dann ist das Telefonsystem ziemlich gut. Wenn es viel weniger ist, ist etwas nicht in Ordnung.

Dann gibt es die Hierarchie, die es ja überall gibt, und Dezentralisierung würde bedeuten, die Hierarchien etwas einzuebnen, also nicht 6 oder 8 Stufen sondern 2 oder 3. Ein Ergebnis einer unserer Analysen war: Je dümmer oder schlechter qualifiziert die Verwalter sind, desto mehr Stufen der Hierarchie braucht man, weil die Kontrollspanne kleiner wird. Wenn jemand bestenfalls mit großer geistiger Anstrenung 2 Leute gut beaufsichtigen kann, dann wächst die Zahl der Leute nach den Potenzen von 2, und wenn man mehr als ein paar tausend Leute beisammen haben will, dann hat man eine ganz schön hohe Pyramide darüber. Wenn die Leute schlau genug sind, 15 Leute zu beaufsichtigen, dann wird die Pyramide flacher. Außerdem hängt die Flachheit der Pyramide auch davon ab, wie klug die Leute an der Basis selber sind und wieviel sie durch seitliche Kommunikation miteinander erledigen können, ohne daß sie hinauf zum Vorgesetzten gehen. Dies ist jedenfalls die Frage der hierarchischen Einebnung - die 5. Form der Dezentralisierung.

Dann gibt es die Frage der Delegierung. Wie weit hinunter kann man bestimmte Aufgaben oder Verantwortungsbereiche delegieren? Wir fanden, daß Delegierung von Verantwortung unmöglich ist ohne Delegierung von Entscheidungsmitteln. Also einerseits von EDV, Denkkapazitäten und Qualifikationen nach unten, und andererseits auch Delegierung von materiellen Hilfs-

---

1 Auf englisch sagt man responsiveness und englische Automobilinserate sprechen von der responsiveness dieses und jenes Wagens. Handling ability is response to controls. Ich habe leider kein deutsches Wort, um das zu beschreiben, so daß ich weiter bei Responsivität bleiben muß, also wie gut etwas einem Signal antwortet und in erträglicher Qualität schnell genug das leistet, was man von ihm wünscht.

mitteln, damit die Entscheidungen, auf niedrigeren Ebenen gefällt, auch durchgeführt werden können. Aber das heißt, Delegierung ist nicht eine Frage der Juristen, sie ist eine Frage der Informatiker, der Betriebswirte, der Ökonomen.

Und dann haben wir noch zwei Formen der Dezentralisation: Beteiligungen an Entscheidungen, das ist in Deutschland ja oft diskutiert worden, und die Beteiligung am Entwurf von strukturellen Änderungen. Das sind zwei Dinge, bei denen in Deutschland gewisse Erfahrung vorliegt, vielleicht mehr als in anderen Ländern, aber auch da ist sicherlich das letzte Wort noch nicht gesprochen.

Ich habe versucht darzustellen, daß sich aus diesem Denkansatz der Kybernetik viele verschiedene Fragen ergeben, eine Reihe von Begriffen abgeleitet werden, ein gewisses Instrumentarium entsteht. Alle Theorien und alle Instrumentarien nützen herzlich wenig ohne Sachkenntnis. Man kann Instrumente nur den Leuten anbieten, die schon in dem Gebiet arbeiten, die schon etwas von der Sache verstehen. Dann und nur dann können diese Instrumente halbwegs nützlich angewendet werden. Ob irgendwelche von diesen Instrumenten für die Unternehmen nützlich sein könnten, muß ich daher den Unternehmensleitern und Unternehmensforschern überlassen.

Jörg Baetge

Kybernetische Kontrollsysteme

1. Die Begriffe Kybernetik, Kontrolle und Überwachung
2. Kriterien zur Beurteilung von Kontrollmaßnahmen
3. Kybernetische Interpretation von Kontrollprozessen
4. Die Wirkung der Kontrolle auf die Zuverlässigkeit von Routinetätigkeiten
5. Ergebnis

Prof. Dr. Jörg Baetge,
Direktor des Instituts für Revisionswesen der Universität Münster,
Honorarprofessor an der Universität Wien

1. Die Begriffe Kybernetik, Kontrolle und Überwachung

Kybernetik ist die Theorie dynamischer Systeme. Sie versucht, Lösungen für die Probleme der Lenkung und Informationsverarbeitung von und in solchen dynamischen Systemen zu entwickeln.

In der Wirtschafts- und Sozialkybernetik werden sowohl die einzelnen Unternehmungen als auch die Volkswirtschaften als Systeme analysiert. Die in diesem Beitrag zu untersuchenden Kontrollsysteme sind dynamische Systeme innerhalb des Systems 'Unternehmung'.

Der Begriff Kontrolle wird von uns unter den Begriff Überwachung subsumiert. Die Überwachung, deren Kernstück der Vergleich eines Istobjektes mit einem Vergleichsobjekt ist, umfaßt nach unserer Definition sowohl die Kontrolle als auch die Prüfung (= Revision). Kontrollen und Prüfungen unterscheiden sich dadurch, daß Kontrollen im Gegensatz zu Prüfungen fest in betriebliche Arbeitsabläufe eingebaut sind. Im folgenden betrachten wir ausschließlich Überwachungshandlungen, die fest in den Arbeitsablauf eingebaut sind, also Kontrollen.

Die Kontrolle schließt sich an die Planung und Realisation an und stellt damit die dritte Phase aller betrieblichen Prozesse dar. Sie liefert durch Ermittlung der Abweichungen zwischen Istobjekten und Vergleichsobjekten die Basis für neue Pläne und deren Realisierung. Von Kontrolle im engeren Sinne (i.e.S.) sprechen wir, wenn wir nur den Vergleich zwischen Ist-Objekt und Vergleichsobjekt meinen, von Kontrollen im weiteren Sinne (i.w.S.), wenn wir zusätzlich die Korrektur mit einbeziehen.

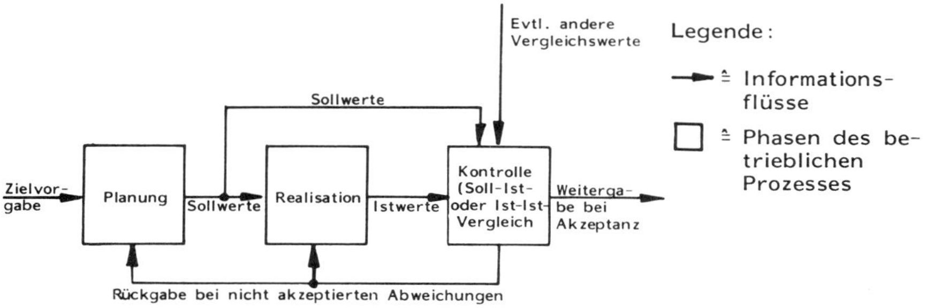

Abb. 1: Die Kontrollphase im betrieblichen Prozeß

Abb. 1 zeigt, daß die Planung Sollwerte für die Realisation vorgibt. Zwar können auch andere Vergleichswerte zur Kontrolle i.e.S. herangezogen werden, aber wir gehen im folgenden meist von Soll-Ist-Vergleichen aus. In der Kontrollphase wird zunächst festgestellt, ob Abweichungen zwischen den Sollwerten der Planung und den Istwerten der Realisation bestehen. Festgestellte Abweichungen werden an die Planungs- oder die Realisationsphase zurückgemeldet und führen zu einer Veränderung mit der Absicht, eine Übereinstimmung von Soll- und Istwerten herzustellen.

Wir behandeln im folgenden ausschließlich Objektkontrollen, bei denen die Ursache(n) für die Abweichung(en) in der Realisationsphase liegen und die Sollwerte von der Planung richtig festgelegt sind. Bei den Objektkontrollen werden Routinearbeiten überwacht und Abweichungen an den ursprünglichen Bearbeiter, d.h. den objektbezogenen Faktor i.S. Gutenbergs gemeldet. Dispositionskontrollen, die vor allem der Überwachung der Planung dienen und bei denen die Abweichungen an den dispositiven Faktor i.S. Gutenbergs zu melden sind, werden hier nicht weiter analysiert.

Falls technisch und wirtschaftlich vertretbar, sollte sich an jede Objektkontrolle eine Korrektur- und damit eine Rückgabe-Möglichkeit des Kontrollgutes anschließen. Der ursprüngliche Bearbeiter sollte über eine evtl. vorgenommene Aussonderung oder Vernichtung von nicht akzeptiertem Kontrollgut informiert werden, damit ggf. Fehlerursachen von ihm beseitigt werden können. Bei einer Korrektur muß für einige oder alle Elemente die Tätigkeit des Bearbeitens wiederholt oder rückgängig gemacht werden. Die Tatsache, daß bei Abweichungen aus prozessualer Sicht eine "Rück"-Gabe zum Bearbeitungsschritt nötig ist, veranlaßt uns von Rückkopplungen zu sprechen - unabhängig davon, an welche Person zu welcher Zeit der Fehler gemeldet wird und welche ihn zu welcher Zeit korrigiert. Daraus ergibt sich in Abb. 1 der Rückkopplungspfeil.

Durch die Rückkopplungsmöglichkeit bei Objektkontrollen sowie die daran anschließende Korrektur werden Fehler der Realisation beseitigt. Diese Fehlerentdeckung und -berichtigung bezeichnen wir als Korrekturwirkung der Kontrolle. Neben der Korrekturwirkung besitzt die Kontrolle noch eine Präventiv- und eine Sicherheitswirkung. Die Präventivwirkung besteht darin, daß Fehler bereits vor ihrer Entstehung vermieden werden, weil Mitarbeiter in dem Bewußtsein kontrolliert zu werden, sorgfältiger arbeiten, d.h. unbewußte Fehler durch erhöhte Aufmerksamkeit bei der Bearbeitung vermeiden, aber auch bewußte Fehler unterlassen, weil durch die Kontrolle die Möglichkeit besteht, daß diese bewußten Fehler entdeckt und dem betreffenden Mitarbeiter zur Last gelegt werden. Die Sicherheitswirkung der Kontrolle hat zwei Ausprägungen: Auf der einen Seite gibt sie demjenigen, der die Kontrolle ausgeübt oder veranlaßt hat, die Gewißheit, daß die kontrollierten Sachverhalte mit einer bestimmten Wahrscheinlichkeit fehlerfrei sind. Werden die festgestellten Fehler dem verantwortlichen Bearbeiter mitgeteilt, so ist der Kontrollierte auf der anderen Seite - solange ihm keine Fehler mitgeteilt werden - sicher, daß seine Vorgesetzten mit seiner Arbeit zufrieden sind und deren Qualität kennen.

Erst durch die Berücksichtigung aller drei Wirkungen der Kontrolle, der Präventiv-, Korrektur- und Sicherheitswirkung kann der Wert von Kontrollen richtig eingeschätzt werden. Allerdings ist die Quantifizierung der Präventiv- und der Sicherheitswirkung sehr schwierig, da hier psychologische und soziale Komponenten im konkreten Einzelfall zu sehr unterschiedlichen Verhaltensweisen führen. Operationale Modelle der Kontrolle beschränken sich deshalb zur Zeit weitgehend auf die Korrekturwirkung.

Von Kontrollsystemen sprechen wir, wenn mehrere verschiedene Kontrollen i.w.S. in den Arbeitsablauf integriert sind. Wir kommen darauf in Abschnitt 31 mit einem Beispiel aus dem Rechnungswesen zu sprechen (vgl. Abb. 3).

Im folgenden werden Beurteilungskriterien für die Effizienz von Routine-Kontrollprozessen entwickelt. Außerdem werden wir zeigen, wie betriebliche Kontrollprozesse mit Hilfe kybernetischer Methoden dargestellt und analysiert werden können. Wir wollen Kontrollprozesse dabei am Beispiel des betrieblichen Rechnungswesens betrachten. Schließlich soll ein kybernetisches Entscheidungsmodell vorgestellt werden, das es erlaubt, betriebliche Kontrollsysteme in ihrem Verhalten zu studieren und durch zielgerichtete Veränderungen schrittweise zu verbessern.

2. Kriterien zur Beurteilung von Kontrollmaßnahmen

Um die Wirtschaftlichkeit von Kontrollen beurteilen zu können, ist es erforderlich, die 'Kontroll-Kosten' und die 'Kontroll-Leistungen' zu bestimmen, denn die Wirtschaftlichkeit beruht auf den durch eine Kontrolle i.e.S. und die Korrektur verursachten Kosten ($K_{Ü}$) sowie auf den durch eine Kontrolle vermiedenen Kosten. Die Kontroll-Leistung (L) besteht in der Reduzierung der Kosten für verbliebene Fehler (K_{VF}). Werden durch die Kontrolle Fehler beseitigt, so werden auch die dementsprechenden Fehlerkosten vermieden. Sind - wie in Abb. 2 unterstellt - die Kostenfunktionen bekannt, so läßt sich die optimale Kontrollintensität X ermitteln.

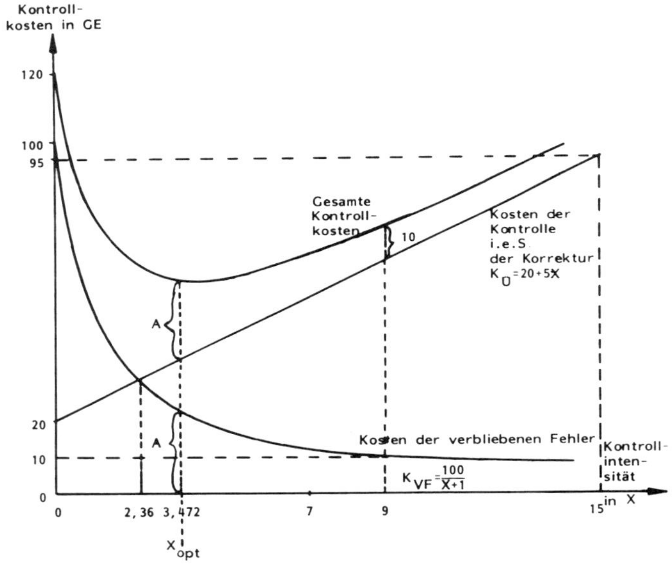

Abb. 2: Ermittlung der optimalen Kontrollintensität

Abb. 2 macht deutlich, daß von einer bestimmten Kontroll-Intensität (X_{opt}) an die Reduktion der Fehlerkosten geringer sein kann als der Anstieg der Kosten für die Kontrolle i.e.S. und die Korrektur. Besteht das Ziel in der Maximierung der Wirtschaftlichkeit (WI), dann ermittelt sich als optimale

Kontroll-Intensität jener Punkt, bei dem sich die minimalen Gesamt-Kontrollkosten (K_{VF} + $K_{Ü}$) ergeben, d.h. es ist die Differenz zwischen der Kontroll-Leistung (L) und den direkten Kontroll-Kosten ($K_{Ü}$) zu maximieren. Es gilt:

$WI = (L-K_{Ü}) \rightarrow Max!$

Für die Abbildung wurde angenommen:

$K_{VF} = \frac{100}{X+1}$, dann ergibt sich:

$L = 100 - \frac{100}{X+1}$,

$K_{Ü} = 20 + 5X$.

Legende:

WI ≙ Wirtschaftlichkeit
L ≙ Leistung
K_{VF} ≙ Kosten für verbliebene Fehler
$K_{Ü}$ ≙ Kosten für Kontrolle und Korrektur
A ≙ Hilfsgröße zur Konstruktion der Zeichnung

Für einen solchen Ansatz ist es erforderlich, neben der Höhe der Kontroll-Kosten die Kontroll-Intensität und die Kontroll-Leistung zu messen.

Da sich der Wert der Kontroll-Leistungen in der Realität aber nicht nur durch die Einsparungen aufgrund der korrigierten Fehler ergibt, sondern auch durch die Präventivwirkung der Kontrolle, d.h. der Vermeidung von Fehlern vor ihrer Entstehung, ist eine Anwendung des vorgeschlagenen Kalküls schwer zu verwirklichen. Die Daten lassen sich nämlich empirisch nur schwierig ermitteln.

Wir beschreiten deshalb mit der Zuverlässigkeitsanalyse einen anderen, einfacheren Weg. Da die Objektkontrolle letztlich die Zuverlässigkeit der Realisation erhöhen soll, läßt sich die Effizienz der Kontrolle hilfsweise anhand der erreichten Zuverlässigkeit (Z) messen. Wir definieren die Zuverlässigkeit als den Grenzübergang für das Verhältnis:

$$Z = \frac{\text{Zahl der fehlerfreien untersuchten Bearbeitungsvorgänge}}{\text{Zahl der insgesamt an einer Systemstelle untersuchten Vorgänge (n)}},\ n \rightarrow \infty.$$

Unter Zuverlässigkeit verstehen wir also die Wahrscheinlichkeit für die Fehlerfreiheit des untersuchten Arbeitsmaterials (n ≙ Zahl der untersuchten Vorgänge). Diese Definition wird später sowohl für die Zuverlässigkeit eines Gesamtsystems als auch für einzelne Systemelemente verwendet.

Die Zuverlässigkeitsanalyse von Arbeitsabläufen hat in zweifacher Hinsicht Bedeutung: erstens als Maß für die Bearbeitungsqualität und zweitens zur Beschreibung des Mengengerüsts der Fehlerkosten für die Wirtschaftlichkeitsanalyse. In der Praxis ist es oft schwierig, die Wertkomponente (z.B. die Folgekosten eines Fehlers) exakt zu bestimmen. Mit einer Zuverlässigkeitsanalyse können wir allerdings nur Näherungsrechnungen (Break-even-Analysen, Sensitivitätsanalysen) aufstellen und damit die Beurteilung eines Kontrollsystems aus ökonomischer Sicht begründen. Obwohl wir ausschließlich das Kriterium der Zuverlässigkeit zur Beurteilung von Kontrollprozessen verwenden, bleibt es dem Entscheider unbenommen, auch die wichtigsten Determinanten der Wirtschaftlichkeit sowie nicht-quantifizierbare Kriterien für seine Auswahl der optimalen Kontrollsystem-Alternative heranzuziehen.

3. Kybernetische Interpretation von Kontrollprozessen

31. Die notwendige Isolierung von Kontrollschritten aus dem Arbeitsablauf

Häufig sind die einzelnen Schritte eines betrieblichen Arbeitsablaufs nicht unmittelbar zu erkennen, insbesondere sind die einzelnen Teilfunktionen nicht erkennbar. Man betrachtet vielmehr zunächst den Arbeitsablauf als eine Gesamtheit. Erst durch eine stufenweise Auflösung dringt man zu den Details vor. Betrachten wir beispielsweise einen Ausschnitt aus der Finanzbuchführung eines Unternehmens, dann zeigt sich auf Ebene I der folgenden Abb. 3 nur, daß aufgrund eines Geschäftsvorfalles ein Beleg erstellt, dieser kontiert und gebucht wird und daß die Ware versandt wird. In Ebene II wird die Struktur dieses Arbeitsablaufes etwas deutlicher, denn es lassen sich die Reihenfolgen der Arbeitsablaufschritte "Belegerstellung - Kontierung - Buchung" sowie "Belegerstellung - Versand - Kontierung - Buchung" erkennen. Doch erst die dritte Disaggregations-Ebene veranschaulicht, auf welche Weise die Kontrollen in den betrachteten betrieblichen Prozeß integriert sind und wie sich auf diese Weise ein - im dargestellten Fall mit 2 Kontrollelementen noch sehr kleines - Kontrollsystem ergibt. Ein typisches Kontroll-System-Element wird in Abb. 8 veranschaulicht.

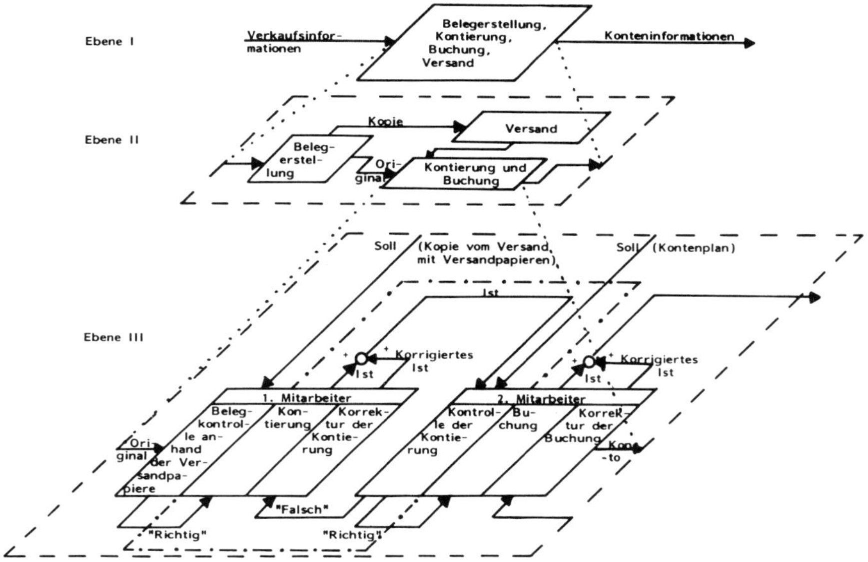

Abb. 3: Die Analyse der Kopplungen in einem Arbeitsablauf durch Disaggregation

32. Die Ermittlung von Zuverlässigkeiten für die verschiedenen Kopplungstypen

321. Überblick

In Abb. 3 lassen sich vier Grundtypen der Verknüpfung (bzw. Kopplung) von Systemelementen im Hinblick auf die erreichbare Zuverlässigkeit erkennen: (1) die Reihenkopplung, (2) die Zusammenkopplung, (3) die Parallelkopplung und (4) die Rückkopplung. Für diese Kopplungen sind die Rechenregeln zur Ermittlung der Zuverlässigkeit anzugeben. Aus den Grundstrukturen lassen sich dann beliebig komplexe Kopplungsmuster konzipieren. Mit Hilfe der Rechenregeln für die Grundtypen werden die erreichbaren Zuverlässigkeiten aller Kontrollsysteme ermittelt.

Die Gesamt-Zuverlässigkeit eines Systems bezeichnen wir - wie gesagt - mit Z. Für die Teilzuverlässigkeiten einzelner Systemelemente verwenden wir andere Symbole. Beispielsweise bezeichnen wir die Teilzuverlässigkeit der Bearbeitung als $W[R]$ (W von R). Hierbei bedeuten: $W \triangleq$ Wahrscheinlichkeit, $R \triangleq$ Richtigkeit der Bearbeitung, folglich gilt $W[R] \triangleq$ Zuverlässigkeit für die (richtige) Bearbeitung.

Strebt die relative Häufigkeit für die Richtigkeit einer Tätigkeit (bei einer nach unendlich gehenden Zahl von untersuchten Vorgängen) gegen einen Grenzwert, dann erhalten wir eine Wahrscheinlichkeit, mit der wir nach den Regeln der Wahrscheinlichkeitsrechnung arbeiten dürfen. Bei einer endlichen Zahl untersuchter Vorgänge muß dagegen $W[R]$ geschätzt werden.

Um die Kopplungstypen vergleichbar zu machen, gehen wir von folgendem Sachverhalt aus: Angenommen, eine Tätigkeit werde mit der Zuverlässigkeit $W[R] = 0{,}9$ ($\equiv$ 90 %) bearbeitet und das zu bearbeitende Eingangsmaterial besitze vor Arbeitsbeginn eine Zuverlässigkeit $W[R_E] = 1{,}0$ ($\equiv$ 100 %), dann ergibt sich für das Ausgangsmaterial eine Zuverlässigkeit: $W[R_A] = W[R_E] \cdot W[R] = 1{,}0 \cdot 0{,}9 = 0{,}9$. Die maßgebliche Rechenregel lautet für dieses Problem: Die Zuverlässigkeit des Ausgangsmaterials ist gleich dem Produkt aus der Zuverlässigkeit des Eingangsmaterials und der Zuverlässigkeit der Bearbeitung. Dieser Fall läßt sich wie folgt darstellen:

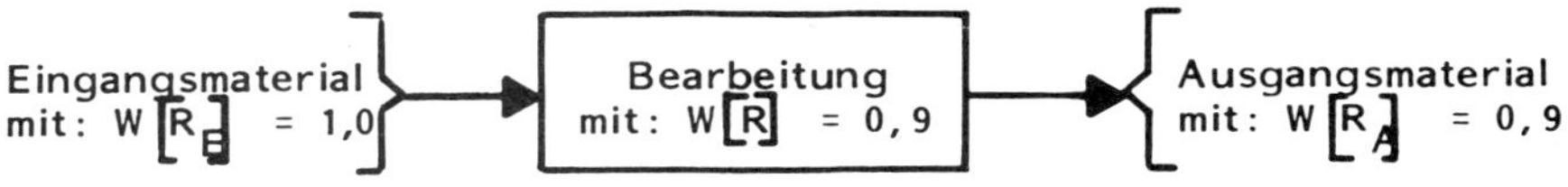

Abb. 4: Die Ermittlung der Zuverlässigkeit des Ausgangsmaterials bei einstufiger Bearbeitung ohne Kontrolle

Im Falle sich ändernder Zuverlässigkeiten ist es ferner denkbar, daß sich die Teilzuverlässigkeit im Zeitablauf, z.B. gemäß einer Lernkurve[1] ändert. Im folgenden gehen wir aber vereinfachend von zeit-invarianten Zuverlässigkeiten aus.

1 Vgl. Baetge, Jörg, Sind Lernkurven adäquate Hypothesen für eine möglichst realistische Kostentheorie?, in: Zeitschrift für betriebswirtschaftliche Forschung, 1974, S. 521-543, hier S. 524 f.

322. Reihenkopplung

Wird eine Aufgabe in zwei aufeinander folgende Tätigkeitsschritte gegliedert, ohne daß kontrolliert wird, dann sind die beiden Tätigkeiten in Reihe gekoppelt. Soll bei einer solchen Reihenkopplung eine Ausgangszuverlässigkeit, z.B. $W[R_A] = 0{,}9$, aus gleich zuverlässigem Eingangsmaterial wie bei der einstufigen Bearbeitung erreicht werden, dann gilt, daß jede der beiden Teil-Bearbeitungen (R_1 und R_2) mit einer höheren Zuverlässigkeit ausgeführt werden muß als bei einer einstufigen Bearbeitung. Für die Reihenkopplung gilt die Multiplikationsregel: $W[R_A] = W[R_E] \cdot W[R_1] \cdot W[R_2]$, im Beispiel: $W[R_1] = 0{,}949$ und $W[R_2] = 0{,}949$. Es gilt $W[R_A] = 1{,}0 \cdot 0{,}949 \cdot 0{,}949 \cong 0{,}9$. Diese Situation läßt sich folgendermaßen veranschaulichen:

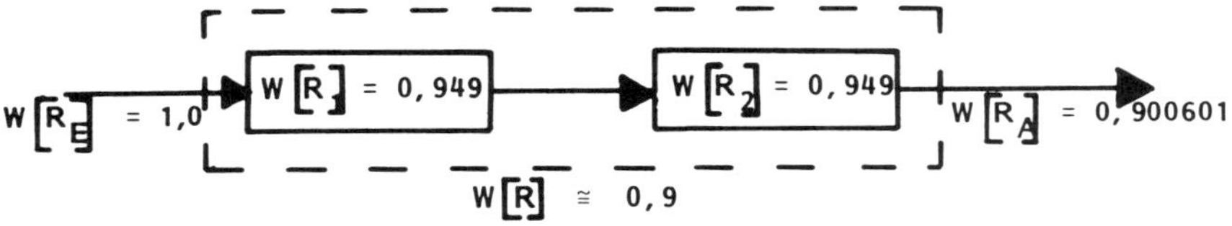

Abb. 5: Teilzuverlässigkeiten bei einer Reihenkopplung ≙ Steuerung vom Typ A[1]

323. Zusammenkopplung

Werden Arbeitsergebnisse aus zwei Kanälen zusammengefaßt, sprechen wir von Zusammenkopplung. Soll die Ergebniszuverlässigkeit wie bisher neunzig Prozent sein, muß das gewogene arithmetische Mittel der Zuverlässigkeiten der beiden voneinander unabhängigen aber zusammengefaßten Tätigkeiten 90 Prozent betragen. Diese Zuverlässigkeit ergibt sich nach folgender Regel: $W[R_A] = W[R_1] \cdot \frac{m}{m+n} + W[R_2] \cdot \frac{n}{m+n}$.

1 Vgl. Baetge, Jörg, Betriebswirtschaftliche Systemtheorie, Opladen 1975, S. 23 u. 79.

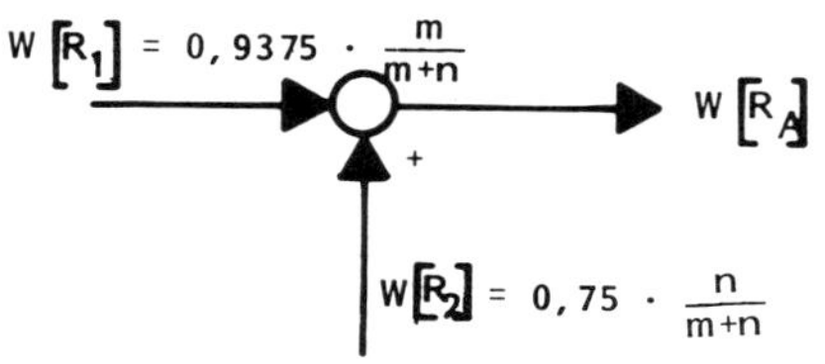

<u>Legende</u>: $\frac{m}{m+n}$ ≙ Anteil der Vorgänge aus Kanal 1

$\frac{n}{m+n}$ ≙ Anteil der Vorgänge aus Kanal 2

Abb. 6: Zuverlässigkeit bei einer Zusammenkopplung

Beispiel:

Von 100 Arbeitsergebnissen stammen 80 aus Kanal 1 und 20 aus Kanal 2. Der Anteil der aus Kanal 1 stammenden Ergebnisse beträgt also $\frac{m}{m+n} = 0{,}8$, der Anteil der aus Kanal 2 stammenden Ergebnisse $\frac{n}{m+n} = 0{,}2$. Arbeitet Kanal 1 mit einer Zuverlässigkeit $W[R_1]$ von 93,75 %, so reicht für Kanal 2 in diesem Fall eine Zuverlässigkeit $W[R_2]$ von 75 % aus, um eine Ergebniszuverlässigkeit von 90 % zu erhalten.

$W[R_A] = 0{,}80 \cdot 0{,}9375 + 0{,}20 \cdot 0{,}75 = 0{,}9$

324. Parallelkopplung

Wird eine bestimmte Aufgabe mehrfach identisch ausgeführt, wie bei einer Serien- oder Massenfertigung, oder wird eine Aufgabe zweifach ausgeführt, wie die Soll- und die Habenbuchung bei der doppelten Buchführung, dann bieten sich Vergleiche zwischen jeweils zwei der erstellten Ist-Objekte zur Kontrolle der Aufgabenausführung an. In diesen Fällen handelt es sich um eine Parallelkopplung. Im folgenden gehen wir einmal vereinfachend davon aus, daß die beiden zu vergleichenden Istobjekte in bezug auf das zu untersuchende Merkmal nur die beiden Ausprägungen richtig oder falsch haben können. Bei Übereinstimmung werden die beiden Istobjekte zur Weiterbearbeitung freigegeben und bei Abweichungen ausgesondert. Der Vergleich sei absolut zuverlässig. Dann läßt sich die Zuverlässigkeit des freigegebenen Materials von $W[R_A] = 0{,}9$ schon bei einer Bearbeitungszuverlässigkeit von $W[R_1] = W[R_2] = 0{,}75$ erreichen. Wird das ausgesonderte Material einer Korrektur oder Neubearbeitung unterzogen, liegt allerdings bereits der Fall der Rückkopplung vor, den wir im nächsten Abschnitt behandeln. Das ausgesonderte Material kann evtl. als zweite Wahl veräußert oder auch "verschrottet" werden. Der Fall der Parallelkopplung mit Aussonderung läßt sich folgendermaßen veranschaulichen:

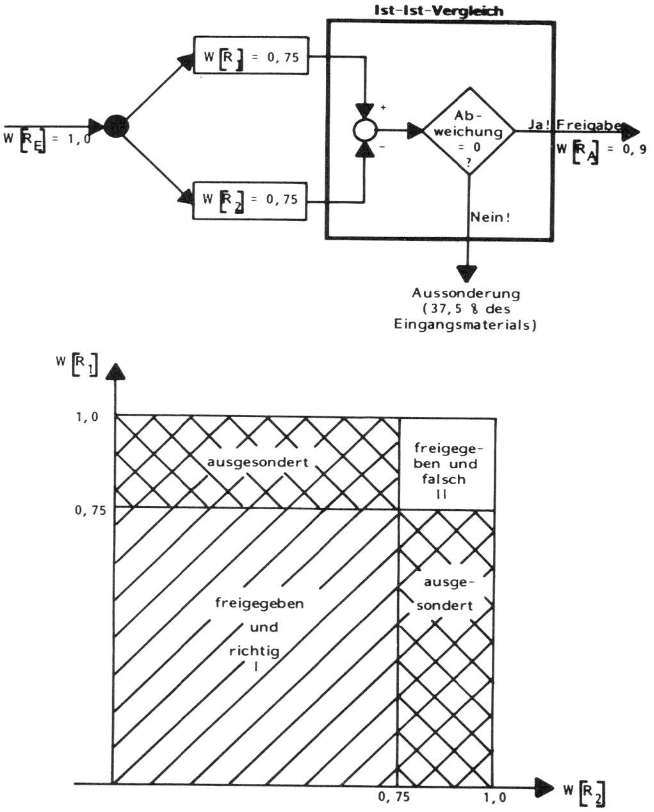

Legende:
- ● ≙ Verzweigungsstelle
- ○ ≙ Subtraktionsstelle
- □ ≙ Systemelement
- ➞ ≙ Informationsfluß

Abb. 7: Parallelkopplung mit Aussonderung von ungleichen Bearbeitungselementen und Darstellung der Zuverlässigkeit

Das richtige freigegebene Material ist im Koordinatensystem durch das einfach schraffierte Quadrat (I) und das freigegebene falsche Material durch das unschraffierte Quadrat (II) gekennzeichnet. Die Zuverlässigkeit des insgesamt freigegebenen Materials errechnet sich als Verhältnis des freigegebenen richtigen Materials zum insgesamt freigegebenen Material:

$$W\left[R_A\right] = \frac{W\left[R_1\right] \cdot W\left[R_2\right]}{W\left[R_1\right] \cdot W\left[R_2\right] + (1-W\left[R_1\right]) \cdot (1-W\left[R_2\right])} = \frac{0,75 \cdot 0,75}{0,75 \cdot 0,75 + 0,25 \cdot 0,25} \cong 0,9$$

325. Rückkopplung (Regelung)

Wird eine Aufgabe durch die drei Funktionen Bearbeitung, Kontrolle i.e.S. und Korrektur wahrgenommen, liegt eine Rückkopplung(smöglichkeit) vor. Bei dieser Kopplungsart läßt sich die geforderte Zuverlässigkeit des Ausgangsmaterials von 90 Prozent aus im Mittel erheblich geringeren Teilzuverlässigkeiten für die drei Funktionen erreichen, ohne daß ein Teil der Vorgänge wie bei der Parallelkopplung ausgesondert würde. Wir arbeiten im folgenden Modell mit folgenden Symbolen für die bedingten Teilzuverlässigkeiten und ihre Komplemente:

Funktion	I		II	III
	Teil-Zuverlässigkeit der Funktion		Zugehörige Unzuverlässigkeit	Summe von Spalte I und II
	Erläuterung der Teil-Zuverlässigkeiten	Symbol		
Istobjekterstellung (Bearbeitung)	Wahrscheinlichkeit (W) für richtige Bearbeitung (R)	$W[R]$	$W[F]$	1,0
Sollobjekterstellung	Wahrscheinlichkeit (W) für richtiges Sollobjekt (RS)	$W[RS]$	$W[FS]$	1,0
Kontrolle i.e.S.	Richtiges (R) als "richtig" ($\tilde{R}$) erkennen	$W[\tilde{R}/R]$	$W[\tilde{F}/R]$	1,0
	Falsches (F) als "falsch" ($\tilde{F}$) erkennen	$W[\tilde{F}/F]$	$W[\tilde{R}/F]$	1,0
Korrektur	Falsches (F) zugleich als "falsch" erkannt ($\tilde{F}$) und richtig korrigiert (R)	$W[R/\tilde{F} \wedge F]$	$W[F/\tilde{F} \wedge F]$	1,0
	Richtiges (R) als "falsch" bezeichnet ($\tilde{F}$) aber richtig belassen (R) (nicht "korrigiert")	$W[R/\tilde{F} \wedge R]$	$W[F/\tilde{F} \wedge R]$	1,0

Tab. 1: Bedingte Wahrscheinlichkeiten für Bearbeitung, Sollobjekterstellung, Kontrolle i.e.S. und Korrektur

Den Fall der Rückkopplung erklären wir mit Hilfe des Regelkreises in Abb. 8.

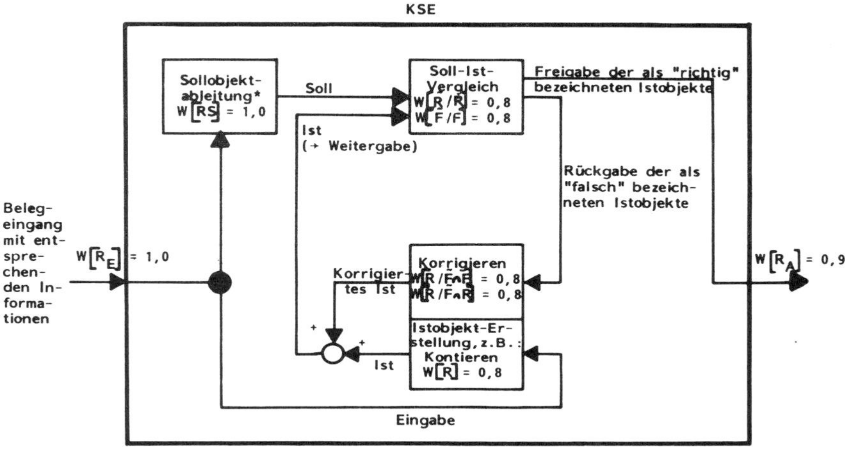

Abb. 8: Ein Kontroll-System-Element (= KSE) am Beispiel des Kontierens bei einmaliger Rückkopplung (mit Sollobjektableitung)

Der Kontrollprozeß (Kontrolle i.e.S. und Korrektur) läßt sich mathematisch mit Hilfe von Markov-Prozessen darstellen.

Einen solchen Kontrollprozeß, bei dem die Kontrolle i.e.S. und die Korrektur in einer Matrix zusammengefaßt sind und bei dem unterstellt wird, daß bei mehrmaligem Durchlauf der Kontrolle i.e.S. und der Korrektur nur die jeweils vom Kontrolleur i.e.S. als "falsch" gekennzeichneten Elemente erneut kontrolliert werden, während die einmal als "richtig" bezeichneten Elemente zur weiteren Bearbeitung freigegeben werden und den Kreislauf von Kontrolle i.e.S. und Korrektur verlassen (sogenannte partielle Rückkopplung)[1] beschreibt vollständig folgende Gleichung, wobei Anführungszeichen bei "richtig"

1 Vgl. Baetge, Jörg; Mochty, Ludwig, Die Zuverlässigkeit und Wirtschaftlichkeit "Interner Kontrollsysteme", in: Anwendungen der Systemtheorie und Kybernetik in Wirtschaft und Verwaltung. Beiträge zur Tagung der Gesellschaft für Wirtschafts- und Sozialkybernetik 1979, hrsg. v. H. Hauptmann/K.-E. Schenk, Berlin 1980, S. 1-63, hier S. 40-46.

und "falsch" kennzeichnen sollen, daß es sich hier um ein Urteil des Kontrollierenden handelt, das selbst falsch sein kann:

$$(W[\tilde{R} \cap R]_j, W[R \cap \tilde{F}]_j, W[F \cap \tilde{F}]_j, W[\tilde{R} \cap F]_j) =$$

$$(W[\tilde{R} \cap R]_{j-1}, W[R \cap \tilde{F}]_{j-1}, W[F \cap \tilde{F}]_{j-1}, W[\tilde{R} \cap F]_{j-1}) \boxtimes UMP$$

Dabei haben die verwendeten Symbole folgende Bedeutung:

$W[\tilde{R} \cap R]_j$ ≙ Anteil des Bearbeitungsgutes, der bei der j-ten Kontrolle i.e.S. als "richtig" bezeichneten und tatsächlich richtigen Vorgänge

$W[R \cap \tilde{F}]_j$ ≙ Anteil des Bearbeitungsgutes, der nach der j-ten Korrektur richtig ist

$W[F \cap \tilde{F}]_j$ ≙ Anteil des Bearbeitungsgutes, der nach j Kontrollen i.e.S. und Korrekturen noch immer falsch ist

$W[\tilde{R} \cap F]_j$ ≙ Anteil des Bearbeitungsgutes, der bei der j-ten Kontrolle i.e.S. als "richtig" bezeichneten, tatsächlich aber falschen Vorgänge

j ≙ Anzahl der Rückkopplungen

UMP ≙ Übergangsmatrix für Kontrolle i.e.S. und Korrektur bei partieller Rückkopplung[1]

Auf die Ableitung der Übergangsmatrix UMP selbst müssen wir an dieser Stelle verzichten. Für sie gilt:

$$UMP = \begin{bmatrix} 1 & 0 & 0 & 0 \\ W[\tilde{R}/R] & \begin{matrix} W[\tilde{F}/R] \\ \cdot W[R/\tilde{F} \cap R] \end{matrix} & \begin{matrix} W[\tilde{F}/R] \\ \cdot W[F/\tilde{F} \cap R] \end{matrix} & 0 \\ 0 & \begin{matrix} W[\tilde{F}/F] \\ \cdot W[R/\tilde{F} \cap F] \end{matrix} & \begin{matrix} W[\tilde{F}/F] \\ \cdot W[F/\tilde{F} \cap F] \end{matrix} & W[\tilde{R}/F] \\ 0 & 0 & 0 & 1 \end{bmatrix}$$

1 Vgl. Baetge/Mochty, 1980, S. 40-46.

wobei für j = 0 (d.h. vor der ersten Kontrolle) gilt:

$$(W[R \wedge R]_0,\ W[R \wedge F]_0,\ W[F \wedge F]_0,\ W[R \wedge F]_0) = (0,\ W[R],\ W[F],\ 0).$$

Mit Hilfe des obigen Markov-Prozesses wird das Übergangsverhalten des gesamten Kontroll-System-Elementes beschrieben. Auf der Grundlage dieses Modells läßt sich auch die Zahl der Rückkopplungen in einem Kontroll-System-Element (≙ KSE) optimieren. I.d.R. läßt sich die Zuverlässigkeit durch eine größere Zahl von Rückkopplungen erhöhen. Allerdings werden die Kontrollbeiträge (gemessen in zusätzlicher Zuverlässigkeit) einer zusätzlichen Rückkopplung c.p. immer kleiner, so daß wir aufgrund von Wirtschaftlichkeitsüberlegungen ein Abbruchkriterium in den Kalkül eingebaut haben.

Der Kalkül erlaubt, Kontroll-System-Elemente auf ihre Zuverlässigkeit hin zu beurteilen bzw. zu vergleichen.[1] Für dieses Entscheidungsmodell liegt ein Computer-Programm vor, das es dem Gestalter von Kontroll-Systemen erlaubt, die Anforderungen an Bearbeitung, Kontrolle i.e.S. und Korrektur für ein Kontroll-System-Element oder für daraus zusammengesetzte komplexere Kontroll-Systeme zu simulieren und festzustellen, welche Organisationsformen für die Objektkontrolle vorteilhaft sind und welche nicht.

Mit der Matrizenrechnung und mit den Markov-Prozessen hat sich der Analyse von Kontroll-Systemen eine Methodik eröffnet, für die in der Mathematik bereits eine umfangreiche Theorie zur Verfügung steht und die es erlaubt, auch sehr komplexe Systeme im Hinblick auf die Zuverlässigkeit zu berechnen. Ein numerisches Beispiel und Rechenergebnisse des erwähnten Simulationsprogramms sollen die Wirkung von Kontroll-System-Elementen illustrieren.

---

1 Zur weiteren Verwendung der Entscheidungsmodelle für ein Internes Kontrollsystem-Element vgl. Baetge/Mochty 1980, S. 51-57.

4. Die Wirkung der Kontrolle auf die Zuverlässigkeit von Routinetätigkeiten

41. Wirkung der Selbstkontrolle

Sowohl in der Theorie als auch in der Praxis wird häufig die Forderung erhoben: "Motiviere die Mitarbeiter zur Selbstkontrolle!" Wir wollen mit dem vorgestellten Modell der Kontrolle untersuchen, ob eine Selbstkontrolle tatsächlich zu einer wesentlichen Verbesserung der Arbeitsergebnisse führt. Selbstkontrolle liegt dann vor, wenn die Ausführung, die Kontrolle i.e.S. und die Korrektur einer Aufgabe von ein und derselben Person vorgenommen werden. Dabei gehen wir von der Annahme aus, daß ein Mitarbeiter eine bestimmte Fertigkeit in der Ausführung einer Aufgabe besitzt und diese Fertigkeit durch eine konstante Zuverlässigkeit messbar sei. Da hier derselbe Mitarbeiter die Ausführung der Aufgabe auch kontrolliert und korrigiert, nehmen wir für diese Kontrolle i.e.S. und Korrektur die gleiche Wahrscheinlichkeit an wie bei der Ausführung der Aufgabe. Die Berechnungen mit dem Simulationsprogramm zeigen die Ergebniszuverlässigkeit nach Selbstkontrolle und Selbstkorrektur für alle, jeweils gleichen, Teilzuverlässigkeiten von Ausführung, Kontrolle i.e.S. und Korrektur zwischen 0 % und 100 %. Dabei ergibt sich folgender Zusammenhang:

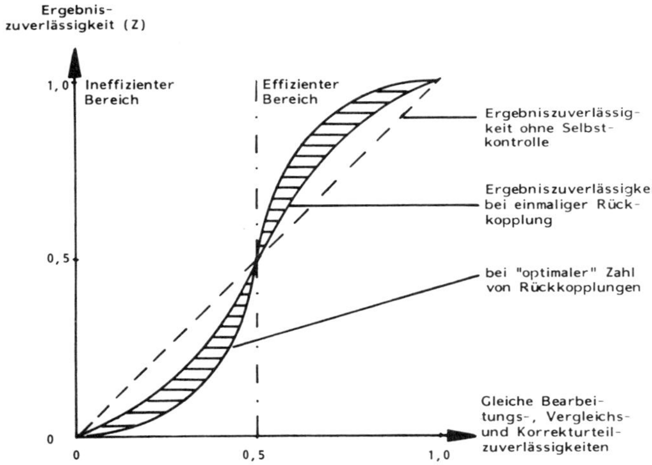

Abb. 9: Ergebniszuverlässigkeit mit und ohne Selbstkontrolle

Unter der Voraussetzung, daß das Eingangsmaterial eine Zuverlässigkeit von 1,0 hat, entspricht die Ergebniszuverlässigkeit bei einer Bearbeitung ohne anschließende Selbstkontrolle genau der Teilzuverlässigkeit für die Bearbeitung. Dieser Zusammenhang wird durch die gestrichelte Winkelhalbierende veranschaulicht. Durch ein- oder mehrmalige Selbstkontrolle wird die Ergebniszuverlässigkeit erreicht, die durch die schraffierte S-förmige Fläche angegeben ist. Im effizienten (ineffizienten) Bereich gibt der untere (obere) Rand der Fläche die Ergebniszuverlässigkeit bei einmaliger Rückkopplung und der obere (untere) Rand die Ergebniszuverlässigkeit bei optimaler Zahl von Rückkopplungen an. Mit Hilfe der Winkelhalbierenden läßt sich die Effizienz der Selbstkontrolle ablesen. Die vertikalen Abstände zwischen Werten der S-förmigen Kurve und der Winkelhalbierenden geben den jeweiligen Selbstkontrollbeitrag an.

Die Abbildung zeigt, daß die Selbstkontrolle nicht in jedem Falle lohnt. Im ineffizienten Bereich der Teilzuverlässigkeiten von weniger als 50 % (links von der Punkt-Strich-Linie) führt eine Selbstkontrolle zu einer Verschlechterung der Ergebniszuverlässigkeit. Im effizienten Bereich der Teilzuverlässigkeiten von mehr als 50 % (rechts von der Punkt-Strich-Linie) läßt sich durch eine Selbstkontrolle eine nicht unbeachtlich höhere Ergebniszuverlässigkeit als die ursprüngliche Bearbeitungszuverlässigkeit erzielen. Dies gilt schon bei einmaliger Rückkopplung und verstärkt sich noch bei einer "optimalen" Zahl von Rückkopplungen. Die "optimale" Zahl der Rückkopplungen ist dabei nach dem oben erwähnten Abbruch-Kriterium berechnet. Danach wird die Kontrolle abgebrochen, wenn der letzte Selbstkontrollbeitrag nicht einmal mehr ein halbes Prozent beträgt.

Den größten Kontrollbeitrag liefert die Selbstkontrolle im Bereich zwischen 70 und 80 Prozent der Einzelzuverlässigkeiten. Je stärker sich die Teilzuverlässigkeiten der fünfzig und der einhundert Prozent Marke ($W[R] = 1,0$) nähern, desto kleiner muß der Kontrollbeitrag ausfallen. Da eine hohe a priori-Bearbeitungszuverlässigkeit wegen einer hohen Mitarbeiter-Qualität ggf. relativ teuer sein wird, kann es wirtschaftlicher sein, mit Mitarbeitern eines geringeren Ursprungs-Niveaus an Bearbeitungszuverlässigkeit zu arbeiten und diese Mitarbeiter zur Selbstkontrolle anzuhalten.

Von Fremdkontrolle sprechen wir, wenn die Bearbeitung und die Kontrolle i.e.S. von zwei Personen ausgeführt werden. Gehen wir für eine Fremdkontrolle von den gleichen Voraussetzungen wie zuvor aus, dann ergeben sich die gleichen Ergebniszuverlässigkeiten, wie sie in Abb. 9 dargestellt sind. Allerdings ist es für die Fremdkontrolle nicht plausibel, daß die Teilzuverlässigkeiten für die Bearbeitung, die Kontrolle i.e.S. und die Korrektur gleich sein sollen, da mehrere Personen mit i.d.R. unterschiedlich hohen Zuverlässigkeiten die einzelnen Funktionen ausüben. Für unterschiedliche Teilzuverlässigkeiten ändern sich die Kontrollbeiträge nicht unbeträchtlich. Aus diesem Grunde ist die Abbildung zwar für die Selbstkontrolle, aber kaum für die Fremdkontrollen repräsentativ. Die möglichen Wirkungen von Fremdkontrollen zeigen wir in Abschnitt 42.

Die Simulationsergebnisse zeigen, daß die Selbstkontrolle unter bestimmten Voraussetzungen zu einer erheblichen Verbesserung der Ergebniszuverlässigkeit führt. Sie hat gegenüber der Fremdkontrolle zusätzlich folgende Vorteile:

(1) Durch eine Selbstkontrolle lassen sich Frustrationen der Mitarbeiter vermeiden bzw. verringern. Eine zusätzliche Fremdkontrolle verliert für die Mitarbeiter weitgehend ihren Schrecken, denn deren Chance zur Erzielung eines hohen (für den verantwortlichen Bearbeiter demotivierenden) Kontrollbeitrages wird (im effizienten Bereich der Selbstkontrolle) wesentlich geringer. Die nach einer Selbstkontrolle verbleibende Unzuverlässigkeit wird also sehr klein. Die Fremdkontrolle dient dadurch überwiegend der Bestätigung und weniger der Fehlerentdeckung.

(2) Durch eine Selbstkontrolle entstehen nur kurze oder gar keine Wartezeiten, weil der Mitarbeiter sofort im Anschluß an die Bearbeitung den Vergleich und die Korrektur vornehmen kann. Da eine erneute Einarbeitungsphase nicht notwendig ist, werden diese zusätzlichen Kosten vermieden.

(3) Bei einer Selbstkontrolle ist i.d.R. eine hohe Sachkenntnis desjenigen, der die Selbstkontrolle ausführt, gewährleistet, denn der Kontrolleur besitzt aufgrund der Personenidentität dieselbe Sachkenntnis wie der Bearbeiter. Dieser sollte daher - sachgerechte Personalpolitik vorausgesetzt - seiner Aufgabenstellung entsprechende Fähigkeiten besitzen.

(4) Bei der Selbstkontrolle entstehen keine Transportkosten, weil das Kontrollgut und der Kontrolleur nicht erst zusammengeführt werden müssen, denn die Kontrolle kann im Anschluß an die Bearbeitung ohne räumliche Bewegung des Kontrollgutes erfolgen.

(5) Durch die Institutionalisierung der Selbstkontrolle wird der Verantwortungs- und Kompetenzbereich des betreffenden Mitarbeiters erweitert. Durch das von der Unternehmensleitung so in ihn dokumentierte Vertrauen kann der Mitarbeiter motiviert werden, seine Aufgaben besonders sorgfältig zu erledigen.

Allerdings besitzt die Selbstkontrolle auch einige Nachteile gegenüber der Fremdkontrolle:

(1) Flüchtigkeitsfehler werden unter Umständen durch eine Selbstkontrolle deshalb nicht entdeckt, weil sie von dem betreffenden Mitarbeiter sowohl bei der Erstellung des Ist-Objektes als auch bei der Ableitung des Vergleichsobjektes für die Selbstkontrolle begangen werden. In diesen Fällen, in denen der gleiche Fehler zweimal begangen wird, kann eine Selbstkontrolle zu keiner Verbesserung der Ergebniszuverlässigkeit führen.

(2) Selbstkontrolle ist nicht geeignet, bewußte Fehler aufzudecken, weil der Selbstkontrolleur nicht die Absicht hat, diese Art der Fehler aufzudecken. Er wird im Gegenteil jede Möglichkeit nutzen, die von ihm begangenen bewußten Fehler zu verschleiern, d.h. eine Entdeckung zu verhindern.

(3) Fehler, die aus mangelnden Fähigkeiten und Fertigkeiten eines Mitarbeiters resultieren, können durch Selbstkontrolle ebenfalls nicht entdeckt und korrigiert werden, weil dem betreffenden Mitarbeiter bei der Kontrolle diese Fähigkeiten genauso fehlen wie bei der Bearbeitung einer Aufgabe. Auch in diesen Fällen kann eine Selbstkontrolle zu keiner Verbesserung des Ergebnisses führen.

(4) Der unter Punkt (1) aufgeführte Vorteil der Selbstkontrolle, daß Frustrationen von Mitarbeitern vermieden werden, weil eine Fremdkontrolle nicht mehr so viele Fehler entdecken und dem Mitarbeiter zur Last legen kann, läßt sich nur dann realisieren, wenn der Selbstkontrolleur

die Vornahme sowie die Ergebnisse der Kontrolle nicht für seine Vorgesetzten dokumentieren muß. Wenn jedoch keine Dokumentation der Selbstkontrolle erfolgt, so bleibt die Ausführung faktisch in das Ermessen des Einzelnen gestellt, ohne daß die tatsächliche Ausführung der Selbstkontrolle festgestellt werden kann.

42. Wirkung der Fremdkontrolle

Durch die personelle Trennung von Bearbeitung, Kontrolle i.e.S. und evtl. auch der Korrektur bei der Fremdkontrolle kann in vielen Fällen, in denen eine Selbstkontrolle wegen ihrer Nachteile nicht anwendbar ist, die Fremdkontrolle eine Verbesserung des Ergebnisses erreichen. Eine Fremdkontrolle ist erforderlich, wenn

(1) Mitarbeiter überwiegend extrinsisch, d.h. durch die Begleitumstände der Arbeit, z.B. durch Lob für fehlerfreie Arbeit, motiviert sind;

(2) Mitarbeiter unzureichend befähigt sind für die Bearbeitung bestimmter Aufgaben;

(3) bewußte Fehler verhindert oder aufgedeckt werden sollen;

(4) bei Routineaufgaben Fehler durch das Vier- oder Sechs-Augen-Prinzip leichter erkennbar sind;

(5) dokumentiert werden muß, daß eine Kontrolle stattgefunden hat;

(6) zur Abgabe vertrauenswürdiger Urteile an Externe eine Kontrolle von Personen erfolgen muß, die nicht an der Erstellung des Istobjektes mitgewirkt haben.

Eine Fremdkontrolle kann durch das vorgestellte Modell ebenfalls simuliert werden, indem die für die Bearbeitung, Kontrolle i.e.S. und Korrektur für möglich und sinnvoll gehaltenen Zuverlässigkeiten eingesetzt werden. Im folgenden haben wir für sechs Beispiele die Zuverlässigkeit von Kontroll-System-Elementen (KSE) mit dem Computer-Programm berechnet. Die Ergebnisse für die einzelnen KSE sind in der linken Hälfte der Tab. 2 zusammengestellt (Spalte I und II). Das 1. Beispiel zeigt, daß die geringe Bearbeitungszuverlässigkeit von 0,8 bei relativ hohen Kontroll- und Korrekturzuverlässigkeiten durch zweimalige Rückkopplung auf eine Gesamtzuverlässigkeit des KSE von 0,98941 steigt.

Einzelne Kontroll-System-Elemente (KSE)								Kontroll-Systeme (KS)							
Simulation mit lfd.-Nr.	Eingabe-Daten KSE: Teilzuverlässigkeiten					Ergebnisse für das einzelne KSE		Gesamt-Zuverlässigkeit bei (schrittweiser) Reihenkopplung der KSE	Eingabe-Daten Supervisor/Korrektor: Teilzuverlässigkeiten für Kontrolle durch Supervisor und Korrektur durch Supervisor oder Bearbeiter				Ergebnisse: Zuverlässigkeit der KSE mit Supervisor	
	Bearbeitung	Kontrolle		Korrektur		Zahl der "optimalen" Rückkopplungen*	Zuverlässigkeit		Kontrolle und Korrektur durch Supervisor**		Kontrolle durch Supervisor und Korrektur durch Bearbeiter		Korr. d. Supervisor	Korr. d. Bearbeiter
	$W[R]$	$W[\tilde{R}/R]$	$W[\tilde{F}/F]$	$W[R/\tilde{F}\cap F]$	$W[R/\tilde{F}\cap R]$	I	II	III	$W[\tilde{R}/R]$	$W[\tilde{F}/F]$	$W[R/\tilde{F}\cap F]$	$W[R/\tilde{F}\cap R]$	IV	V
1	0,8	0,9	0,95	0,98	0,99	2	0,98941	0,98941	0,9	0,95	0,98	0,99	0,9005	0,99828
2	0,95	0,75	0,75	0,95	0,95	3	0,98207	0,97168	0,95	0,95	0,95	0,95	0,95	0,99481
3	0,8	0,65	0,65	0,8	0,8	5	0,88041	0,85548	0,99	0,99	0,8	0,8	0,99	0,96822
4	0,8	0,55	0,55	0,8	0,8	4	0,82871	0,70895	0,99	0,99	0,8	0,8	0,99	0,93804
5	0,8	0,5	0,5	0,8	0,8	0	0,8	0,56716	0,99	0,99	0,8	0,8	0,99	0,90883
6	0,8	0,8	0,8	0,5	0,5	0	0,8	0,45372	0,99	0,99	0,5	0,5	0,99	0,72186

Tab. 2: Ergebnisse der Computer-Simulation

* Abbruchkriterium: Rückkopplung wird beendet, wenn Kontrollbeitrag einer Rückkopplung einmal den Betrag 0,005 unterschritten hat.

** Korrigiert der Supervisor selbst, so ist unterstellt, daß er erkannte Fehler zu 100 % berichtigt ($W[R/\tilde{F}\cap F] = 1$) und ursprünglich Richtiges, das er als falsch erkannt hat, durch die Korrektur 100 % verfälscht ($W[R/\tilde{F}\cap R] = 0$).

Korrespondierend zum 1. Fall zeigen die Fälle 3. und 4. bei gleich schlechter Bearbeitungszuverlässigkeit, daß bei über 0,5 liegenden Kontroll- und Korrekturzuverlässigkeiten noch positive Kontrollbeiträge erzielt werden können. Erst bei Kontroll- und/oder Korrekturzuverlässigkeiten von 0,5 lassen sich wie in den Fällen 5 und 6 keine Kontrollbeiträge mehr erzielen. (Sinken die Kontroll- und/oder Korrekturzuverlässigkeiten unter 0,5, dann wird die ursprüngliche Bearbeitungszuverlässigkeit verschlechtert.)

Im rechten Teil der Tabelle 2 haben wir die Ergebnisse für Kontroll-Systeme (= KS) zusammengestellt (Spalten III, IV und V). In Spalte III sind die Gesamtzuverlässigkeiten eines in Reihe gekoppelten KS angegeben, dessen Elemente die einzelnen KSE in der Reihenfolge 1 bis 6 sind. Werden z.B. die KSE Nr. 1 bis 3 in Reihe gekoppelt, ergibt sich die Gesamtzuverlässigkeit durch Multiplikation von 0,98941; 0,98207 und 0,88041, so daß sich nur noch eine Zuverlässigkeit für das Gesamtsystem von 0,85548 ergibt. Das Multiplikationsgesetz wird hier also wirksam (vgl. 322.). Die Reihenkopplung aller sechs KSE bringt sogar nur noch eine Zuverlässigkeit von 0,45372.

Wegen des starken Abfalls der Zuverlässigkeit des KS haben wir zusätzlich eine End-Kontrolle i.e.S. durch einen Supervisor vorgesehen. Hier sind zwei Fälle zu unterscheiden:

(a) der Supervisor korrigiert (auch) selbst (Spalte IV)

(b) die Korrektur wird von dem Korrekteur des jeweils letzten KSE vorgenommen (Spalte V).

Allgemein läßt sich sagen, daß die End-Kontrolle durch den Supervisor bei hohen Kontroll- und Korrekturzuverlässigkeiten zu einem wesentlichen Kontrollbeitrag führt, sofern die im KSE erreichte Zuverlässigkeit vorher noch gering war. Ein typischer Fall hierfür ist Beispiel Nr. 5: Im KSE wird nur eine Zuverlässigkeit von 0,8 erreicht. Durch den Supervisor, der mit 99 % kontrolliert und selbst korrigiert, steigt die Zuverlässigkeit des kontrollierten KSE auf 99 %. Die durch den Supervisor für das kontrollierte KSE erreichbare Zuverlässigkeit hängt von seiner Kontrollzuverlässigkeit entscheidend ab. (Vgl. Spalte IV mit Eingabe-Daten: "Kontrolle durch den Supervisor".) Korrigiert der Korrekteur des 5. KSE (mit 0,8) anstelle des Supervisors, dann ergibt sich nur eine Zuverlässigkeit von 0,90883. Fall 1 zeigt uns in den Spalten IV und V allerdings, daß der Supervisor möglichst nicht selbst korrigieren sollte, wenn seine Kontroll- und Korrekturzuverlässigkeit nicht sehr hoch sind. Er erreicht nur eine endgültige Zuverlässigkeit von 0,9005, d.h. er reduziert die vom KSE erreichte Zuverlässigkeit von 0,98941 um 0,0889. Dagegen kann der Supervisor in Zusammenarbeit mit einem Korrekteur (bei gleich guten Teilzuverlässigkeiten) die Zuverlässigkeit des KSE noch ein klein wenig um 0,0088 auf 0,99828 verbessern.

43. Kombinierte Selbst-, Fremd- und Endkontrolle

Das vorgestellte Modell ermöglicht es, die Zuverlässigkeit von verschiedenen Organisationsmöglichkeiten von Kontrollsystemen zu berechnen und zu vergleichen und durch schrittweise Veränderung die mutmaßlich beste Organisationsalternative herauszufinden. Weiterhin können mit Hilfe des Modells Mindestanforderungen an einzelne Mitarbeiter und deren Funktionsausführung formuliert werden, wenn eine bestimmte vorgegebene Gesamtzuverlässigkeit erreicht werden soll.

Wir wollen dies im folgenden Abschnitt mit den Organisationsmöglichkeiten der Selbst- und Fremdkontrolle sowie einer eventuellen Endkontrolle versuchen und gehen dazu von einem Arbeitsablauf aus, in dem zehn Ablaufschritte in Reihe gekoppelt sind, wobei jeder Ablaufschritt von einem Mitarbeiter ausgeführt wird.

Zunächst mögen die Mitarbeiter Bearbeitungszuverlässigkeiten zwischen 0,75 und 0,975 entsprechend der Tab. 3 Spalte II haben. Ohne jede Kontrolle würde der Gesamtablauf wegen der multiplikativen Verknüpfung der Einzelschritte eine Ergebniszuverlässigkeit nach dem zehnten Schritt von lediglich 0,22 besitzen (Tab. 3 Spalte III). Eine derartig niedrige Ergebniszuverlässigkeit ist allerdings i.d.R. für jeden Arbeitsablauf völlig unakzeptabel.

Nähme jeder der zehn Mitarbeiter eine einmalige Selbstkontrolle vor, bei der die Zuverlässigkeiten für die Kontrolle i.e.S. und die Korrektur seiner jeweiligen Bearbeitungszuverlässigkeit gemäß Spalte II der Tab. 3 entspricht, so führt diese Selbstkontrolle bei den einzelnen Schritten des Arbeitsablaufes zu den in Spalte IV aufgeführten erheblich verbesserten Ergebnissen. Die Gesamtzuverlässigkeit des Arbeitsablaufes steigt gemäß Tab. 3 Spalte V bei einer in den einzelnen Schritten vorgenommenen Selbstkontrolle von 0,22 (Spalte III) auf 0,515 nach dem zehnten Arbeitsablaufschritt. Diese erhebliche Verbesserung des Ergebnisses ohne jede Fremdkontrolle reicht allerdings in praxi immer noch nicht aus.

Im nächsten Schritt zur Verbesserung der Ergebniszuverlässigkeit sei angenommen, daß anstelle der zehn Mitarbeiter wie im Fall der Tab. 3 Spalte II mit den unterschiedlichen Bearbeitungszuverlässigkeiten zwischen 0,75 und 0,975 zehn Mitarbeiter mit der jeweils gleichen Bearbeitungszuverlässigkeit von 0,8625 vorhanden sind. Diese Zuverlässigkeit von 0,8625 entspricht dem arithmetischen Mittel der Zuverlässigkeiten aus Tab. 3. Unter der Annahme dieser gleichen Bearbeitungszuverlässigkeiten über alle Mitarbeiter führt eine reine Reihenkopplung ohne jede Kontrolle zu einer Gesamt-Ergebniszuverlässigkeit von 0,2278 (Tab. 4 Spalte III). Dieses Ergebnis stellt schon eine geringfügige Verbesserung des Falles aus Tab. 3 dar, in dem bei Reihenkopplung ohne Kontrolle eine Ergebniszuverlässigkeit von 0,22 erreicht wurde.

Mitarbeiter- und Ablaufschritt-Nr. I	W [R] II	Zuverlässigkeit des Gesamtablaufs ohne Kontrolle III	Erreichte Einzelzuverlässigkeit bei einmaliger Selbstkontrolle IV	Zuverlässigkeit des selbstkontrollierten Gesamtablaufs V
1	0,75	0,75	0,84	0,84
2	0,775	0,58	0,87	0,73
3	0,8	0,47	0,90	0,66
4	0,825	0,38	0,92	0,64
5	0,85	0,33	0,94	0,57
6	0,875	0,29	0,96	0,54
7	0,9	0,26	0,97	0,53
8	0,925	0,24	0,98	0,52
9	0,95	0,23	0,993	0,516
10	0,975	0,22	0,998	0,515

Tab. 3: Zuverlässigkeit eines Arbeitsablaufes aus zehn in Reihe gekoppelten Arbeitsschritten ohne und mit Selbstkontrolle bei aufsteigenden Bearbeitungszuverlässigkeiten

Mitarbeiter- und Ablauf- schritt-Nr.	W [R]	Zuverlässigkeit des Gesamtablaufs ohne Kontrolle	Erreichte Einzel-Zuverlässigkeit durch einmalige Selbstkontrolle	Zuverlässigkeit des selbstkontrollierten Gesamtablaufs ohne Endkontrolle
I	II	III	IV	V
1	0,8625	0,8625	0,9484	0,94
2	0,8625	0,7439	0,9484	0,9
3	0,8625	0,6416	0,9484	0,85
4	0,8625	0,5534	0,9484	0,81
5	0,8625	0,4773	0,9484	0,77
6	0,8625	0,4117	0,9484	0,73
7	0,8625	0,3551	0,9484	0,69
8	0,8625	0,3062	0,9484	0,65
9	0,8625	0,2641	0,9484	0,62
10	0,8625	0,2278	0,9484	0,59

Tab. 4: Zuverlässigkeit eines Arbeitsablaufes aus zehn in Reihe gekoppelten Arbeitsschritten ohne und mit Selbstkontrolle bei gleichen Bearbeitungszuverlässigkeiten

Mitarbeiter- und Ablauf- schritt-Nr.	Erreichte Einzelzuverlässigkeit nach Selbst- und Fremdkontrolle	Zuverlässigkeit des Gesamtablaufs mit Selbst- und Fremd-, aber ohne Endkontrolle	Zusätzliche Endkontrolle durch Supervisor (0,9484) und Endkorrektur durch jeweiligen Mitarbeiter (0,9484)
I	II	III	IV
1	0,9923	0,99	0,997
2	0,9923	0,98	0,996
3	0,9923	0,98	0,995
4	0,9923	0,97	0,994
5	0,9923	0,96	0,994
6	0,9923	0,95	0,993
7	0,9923	0,95	0,992
8	0,9923	0,94	0,991
9	0,9923	0,933	0,9907
10	0,9923	0,925	0,9900

Tab. 5: Zuverlässigkeit eines Arbeitsablaufes aus zehn in Reihe gekoppelten Arbeitsschritten mit Selbst-, Fremd- und Endkontrolle

Eine einmalige Selbstkontrolle steigert die Zuverlässigkeit jedes einzelnen Mitarbeiters von 0,8625 (Tab. 4 Spalte II) auf 0,9484 (Tab. 4 Spalte IV) und des Gesamtablaufes von 0,2278 (Tab. 4 Spalte III) auf 0,59 (Tab. 4 Spalte V). Gegenüber dem Fall unterschiedlicher Bearbeitungszuverlässigkeiten (Tab. 3) verbessert sich die Zuverlässigkeit des Gesamtablaufes um 0,075 auf 0,59 (Tab. 4 Spalte V). Dieses Ergebnis zeigt, daß allein der Einsatz gleich zuverlässiger Mitarbeiter eine Verbesserung des Ergebnisses ermöglicht, obwohl die Mitarbeiter im Durchschnitt die gleiche Zuverlässigkeit besitzen wie in dem Fall der Tab. 3.

Im dritten Simulationsfall (Tab. 5) soll nun ausgehend von den gleichen Bearbeitungszuverlässigkeiten wie im zweiten Fall (Tab. 4 Spalte II), nämlich 0,8625, eine Selbstkontrolle sowie zusätzlich eine Fremdkontrolle jedes einzelnen Ablaufschrittes erfolgen (Spalten II und III). In Spalte IV wird der Gesamtablauf zusätzlich einer Endkontrolle durch einen Supervisor unterworfen.

Durch die Selbstkontrolle und anschließende Fremdkontrolle (dabei gelten folgende Einzelzuverlässigkeiten: Selbstkontrolle: $W[\tilde{R}/R] = W[\tilde{F}/F] = W[R/\tilde{F} \cap R] = W[R/\tilde{F} \cap F] = 0{,}8625$; Fremdkontrolle: $W[\tilde{R}/R] = W[\tilde{F}/F] = W[R/\tilde{F} \cap R] = W[R/\tilde{F} \cap F] = 0{,}9484$) wird jeder der zehn Arbeitsablaufschritte mit einer Zuverlässigkeit von 0,9923 ausgeführt. Das ergibt eine Zuverlässigkeit des Gesamtablaufes nach dem zehnten Element von 0,925 (Tab. 5 Spalte III).

Diese verhältnismäßig hohe Zuverlässigkeit kann noch weiter gesteigert werden, wenn der gesamte Ablauf einer Endkontrolle durch einen Supervisor unterzogen wird, der mit einer Zuverlässigkeit von 0,9484 Richtiges als "richtig" und Falsches als "falsch" erkennt und das als "falsch" erkannte von dem jeweiligen Mitarbeiter korrigieren läßt, der die Bearbeitung vorgenommen hat und der diese Endkorrektur mit einer Zuverlässigkeit von ebenfalls 0,9484 ($W[R/\tilde{F} \cap R]$ und $W[R/\tilde{F} \cap F]$) ausführt. Durch diese Endkontrolle und -korrektur kann der Gesamtablauf bis zu einer Zuverlässigkeit von 0,99 (Tab. 5 Spalte IV) gesteigert werden.

Mit diesen Simulationsbeispielen haben wir gezeigt, daß mit Hilfe des Kontroll-Modells verschiedene Organisationsalternativen miteinander verglichen werden können und Anforderungen an einzelne Elemente abgeleitet werden können, wenn eine bestimmte zu erreichende Ergebniszuverlässigkeit des Gesamtablaufs, in unserem Beispiel 0,99, vorgegeben ist.

Tab. 6 gibt einen Überblick über die erreichten Gesamtzuverlässigkeiten der oben diskutierten Organisationsalternativen:

Organisationsalternativen / Ergebnis-Zuverlässigkeiten des Gesamtablaufs	Ablauf ohne Kontrolle	Ablauf mit Selbstkontrolle	Ablauf mit Selbst- und Fremdkontrolle	Ablauf mit Selbst- und Fremdkontrolle und Endkontrolle durch Supervisor
bei unterschiedlich zuverlässigen Mitarbeitern (0,75 bis 0,975)	0,22	0,515	-	-
bei gleich zuverlässigen Mitarbeitern (0,8625)	0,2278	0,59	0,925	0,99

Tab. 6: Ergebniszuverlässigkeit eines zehnstufigen Arbeitsablaufes bei alternativen Organisationsformen

5. Ergebnis

Sowohl Befürworter als auch Kritiker einer strengen Kontrolle konstruieren häufig das Gegensatz-Paar:

Vertrauen oder Kontrolle.

Befürworter einer strengen Kontrolle führen den Lenin zugeschriebenen Satz an: "Vertrauen ist gut, Kontrolle ist besser." Kritiker einer strengen Kontrolle dagegen behaupten: "Vertrauen ist grundsätzlich besser als Kontrolle!"

Dieser künstliche Gegensatz von Kontrolle und Vertrauen gilt allerdings nicht bei einer Führung im Mitarbeiter-Verhältnis, d.h. dem Führungs-Konzept "Delegation von Verantwortung", und berücksichtigt nicht die komplexen motivationalen Wirkungen von Kontrollen.

Kontrollen sollen vielmehr:

(1) Sicherheit geben

(2) Vertrauen schaffen

(3) präventiv wirken

(4) Fehler korrigieren.

Wir haben mit kybernetischen Methoden ein Modell entwickelt, daß es erlaubt die oben genannten Wirkungen von Kontrollen - zumindest teilweise - zu berücksichtigen. Mit Hilfe des Modells können alternative Kontrollsysteme beurteilt und miteinander verglichen werden. Außerdem können im Wege der Simulation Anforderungen an einzelne Kontrollsystem-Elemente ermittelt werden, die zu realisieren sind, wenn eine bestimmte Ergebniszuverlässigkeit vorgegeben ist.

Unsere angeführten Simulationen zeigen im Ergebnis, was Wilhelm Busch[1] schon treffend geschildert hat:

"Die Nachbarskinder

Wer andern gar zu wenig traut,
Hat Angst an allen Ecken;
Wer gar zu viel auf andre baut,
Erwacht mit Schrecken.

Es trennt sie nur ein leichter Zaun,
Die beiden Sorgengründer;
Zuwenig und zuviel Vertrauen
Sind Nachbarskinder."

---

1 Busch, Wilhelm, Was beliebt ist auch erlaubt, hrsg. v. Rolf Hochhuth, o.O., o.J., S. 744.

Wolfgang Hardes

Ein kybernetisches Modell zur Ergebnisplanung unter bilanzpolitischem Einsatz der Pensionsrückstellungen

1. Problemstellung
2. Vorteile einer kybernetischen Planung von Pensionsrückstellungen
3. Die Struktur des bilanzpolitischen Planungsmodells
4. Ergebnisplanung
5. Pensionsaufwandplanung
6. Modellanwendungen

Dipl.-Kfm. Wolfgang Hardes,
Universität Münster

1. Problemstellung

Der nachfolgende Beitrag soll über ein kybernetisches Planungsmodell berichten, das der bilanziellen Ergebnisplanung dient und bei dem die Rückstellungen für betriebliche Altersversorgungszusagen als bilanzpolitischer Gewinnregulator verwendet werden. Das Modell ist Gegenstand meiner Dissertation an der Universität Münster. Das kybernetische Planungsmodell soll die bilanzpolitische Nutzung der Gestaltungsspielräume bei der Bilanzierung von Pensionsrückstellungen unterstützen. Dieser Aspekt wurde in der Betriebswirtschaftslehre bisher eher stiefmütterlich behandelt. In der Unternehmenspraxis besitzt er indes einen weitaus höheren Stellenwert, da jährlich erneut über die Ausübung der Bilanzierungswahlrechte entschieden werden muß. Hier ist Herrn Reuter zuzustimmen, daß in den Betrieben immer mehr über die direkte Erteilung von Pensionszusagen nachgedacht wird, zumal die Regelungen des Betriebsrentengesetztes von 1974 die Möglichkeiten der steuerlichen Vorfinanzierung bei den anderen Durchführungswegen der betrieblichen Altersversorgung, etwa bei den Unterstützungskassen, gegenüber den Pensionsrückstellungen nicht unerheblich eingeschränkt haben.

Grundlage der weitgehenden Gestaltungsmöglichkeiten bei der bilanziellen Erfassung von Versorgungszusagen ist nach wie vor ein Urteil des BGH von 1961, in dem festgestellt wurde, daß Rückstellungen für Betriebsrenten gebildet werden dürfen, aber nicht gebildet werden müssen. Trotz der massiven Ablehnung, auf die das Urteil vor allem nach Einführung der Unverfallbarkeit betrieblicher Versorgungszusagen nicht allein im betriebswirtschaftlichen Fachschrifttum gestoßen ist, hält der Gesetzgeber heute an dem Passivierungswahlrecht in Handels- und Steuerbilanz aus rein sozialpolitischen Erwägungen fest. Sowohl bei der Novellierung des AktG 1965 als auch bei der Neufassung des § 6a EStG durch das Betriebsrentengesetz 1974 und bei dem vorliegenden Regierungsentwurf des Bilanzrichtliniegesetzes zur Umsetzung der 4. EG-Richtlinie in deutsches Recht wurde das Passivierungswahlrecht jeweils bestätigt. Man glaubt, hierdurch die Grundlage für eine Ausbreitung der betrieblichen Altersversorgung geschaffen zu haben. Dabei ist es das erklärte Ziel des Gesetzgebers, den Unternehmen durch umfangreiche Bilanzierungswahlrechte eine Anpassung der Rückstellungsbilanzierung an die jeweilige Ertragslage zu ermöglichen. Für die Unternehmen ergibt sich hieraus geradezu die Einladung, die Bilanzierung des Pensionsaufwandes für unternehmenspolitische Ziele einzusetzen. Dabei braucht angesichts namhafter Insolvenzen des letzten Jahres nicht darauf verwiesen zu werden, daß ein völliges Unterlassen der Bildung von Pensionsrückstellungen unter Verzicht auf die Innenfinanzierungsvorteile der Rückstellungsbildung eine gefährliche Selbsttäuschung des bilanzierenden Kaufmannes über die zukünftigen Belastungen des Unternehmens darstellt. Auch insoweit darf ich auf die Ausführungen von Herrn Reuter zu diesem Punkt verweisen. Diese Möglichkeit möchte ich deshalb in meinem Planungsmodell auch nicht als bilanzpolitische Alternative gelten lassen. Es geht daher im Folgenden lediglich darum, Gewinne innerhalb eines bestimmten Zeitraumes zu verlagern, nicht aber auf Rückstellungsbeträge endgültig zu verzichten.

Ziel unternehmerischer Bilanzpolitik ist es weithin, durch die Inanspruchnahme von Bilanzierungswahlrechten und eventuell durch unterstützende Sachverhaltsgestaltungen einen vorgegebenen gleichmäßigen Gewinn, der den Vorstellungen der Finanzierungspartner des Unternehmens entspricht, auszuweisen. Mithin möchte ich mit meinem Modell zeigen, ob und wieweit es möglich ist, durch den bilanzpolitischen Einsatz der Pensionsrückstellungen Gewinnschwankungen auszugleichen und das Ergebnis so zu glätten, daß eine stabile Dividende auch ohne Beteiligung der Hauptversammlung ausgeschüttet werden kann. Mit Rücksicht auf § 58 Abs. 2 AktG, der es dem Vorstand erlaubt, die Hälfte des Jahresüberschusses den freien Rücklagen zuzuweisen, wird es Ziel der Modellplanung sein, durch bilanzpolitische Maßnahmen einen Jahresüberschuß auszuweisen, der mindestens die Höhe der vorgegebenen Dividende, höchstens aber das Doppelte des gewünschten Ausschüttungsbetrages erreicht.

Angesichts der Vielfalt der zur Verfügung stehenden Wahlrechte stellt sich die Frage, ob die hier vorgeschlagene komplexe rechnergestützte Planung nicht ebensogut durch Improvisation ersetzt werden könnte, indem man, wie in vielen Unternehmen üblich, einen bilanzpolitisch vertretbaren Pensionsaufwandbetrag vorgibt und die Aufteilung der Rückstellungsfehlbeträge auf die einzelnen Verpflichtungen mehr oder weniger willkürlich vornimmt. Zur Beantwortung der Frage muß man die Vorteile einer kybernetischen Planung der Pensionsrückstellungen kennen.

2. Vorteile einer kybernetischen Planung von Pensionsrückstellungen

Eine bilanzpolitische Nutzung der Pensionsrückstellungen wird häufig deshalb abgelehnt, weil jede Pensionszusage an einen Mitarbeiter einzeln zu bewerten ist. Eine planlose Wahlrechtsausnutzung würde bei einem größeren Personenbestand einen nicht unerheblichen Verwaltungsaufwand verursachen, weil die Rückstellungsfehlbeträge für jeden einzelnen Berechtigten nachgehalten werden müssen. Welchen Verwaltungsaufwand eine unsystematische Wahlrechtsausübung nach sich ziehen kann, wird deutlich, wenn man in Betracht zieht, daß in größeren deutschen Unternehmen rund 80 bis 90 % der Belegschaft, neben den bereits ausgeschiedenen Betriebsrentnern, eine Versorgungszusage haben. Hinzu kommt unter Berücksichtigung des steuerlichen Nachholverbotes unterlassener Rückstellungszuführungen, daß die entstandenen Fehlbeträge, etwa bei jungen Anwärtern, sehr lange in den Bilanzen fortgeschleppt werden müssen. Diesem Aspekt kommt wegen der künftigen Vermerkpflicht von Rückstellungsfehlbeträgen im Erläuterungsteil des Anhanges erhebliche Bedeutung zu. Diese Einwände lassen sich entkräften, sofern nur die hier vorgeschlagenen Wahlrechte mit Hilfe eines rechnergestützten Modells ausgeübt werden. Wir beziehen die Wahlrechte deshalb nur insoweit in die Planung ein, daß über eine Nachholung der Fehlbeträge bereits nach kurzer Zeit wieder entschieden werden kann. Durch eine planmäßige Fehlbetragsstrategie lassen sich so unnötige Verwaltungskosten vermeiden.

Wegen der zu fordernden Wirtschaftlichkeit eines kybernetischen Planungsmodells schränken wir die Spannweite der vorgesehenen Pensionsaufwandplanung erheblich ein, d.h. wir verwenden nur einen Teil der handelsrechtlich und steuerlich zulässigen Wahlrechte. Bei der Bilanzierung von Pensionsrückstellungen sind die steuerrechtlichen Vorschriften enger als in der Handelsbilanz. Sie sind für die Handelsbilanz ebenfalls zulässig. Eine Beschränkung der Planung auf die steuerlich zulässigen Wahlrechte erscheint auch für die Handelsbilanz problemlos, weil selbst die engeren steuerlichen Vorschriften noch einen genügend großen Gestaltungsspielraum belassen, der eine Anpassung des vorläufigen Jahresüberschusses an die vorgegebene Dividende ermöglicht. Die Beschränkung auf die gesetzlich eindeutig definierten Wahlrechte des Steuerrechts ist sogar insofern von Vorteil, weil Ermessensspielräume bei der Wahlrechtsausübung nicht bestehen, so daß Konflikte, etwa mit externen Prüfungsorganen, von vornherein ausgeschaltet werden können. Eine in beiden Bilanzen gleiche Planung der Pensionsrückstellungen bedeutet ebenfalls eine erhebliche Verwaltungsvereinfachung. Auch in der Praxis wählt deshalb ein Großteil der Unternehmen in Handels- und Steuerbilanz die gleiche Rückstellungsbilanzierung.

Ohne eine planmäßige Ausübung der Pensionsrückstellungswahlrechte ist eine optimale Nutzung der gesetzlichen Möglichkeiten zur interperiodischen Gewinnverlagerung gar nicht möglich, weil sich die bilanzpolitischen Aktionsmöglichkeiten im Zeitablauf ganz erheblich gegenseitig beeinflussen. Die Höhe der disponiblen Aufwandbeträge und die Terminierung der Wahlrechtsauslegung hängt bei vielen Wahlrechten davon ab, ob und wieweit in den Vorperioden bereits Wahlrechte in Anspruch genommen wurden. Deshalb ist die bilanzpolitische Strategie eines Jahres so zu wählen, daß sie mit der künftigen Ertragslage und dem entsprechend benötigten Pensionsaufwand abgestimmt wird. Hier liegt der Ansatzpunkt für eine betriebswirtschaftliche Planung der bilanzpolitischen Nutzung der Pensionsrückstellungen. Insofern ist ein modellgestütztes kybernetisches Planungssystem erforderlich, um die bilanzpolitischen Möglichkeiten optimal nutzen zu können.

Den skizzierten Vorteilen des Planungsmodells steht der Planungsaufwand für die Pensionsaufwandplanung gegenüber. Müßte eine solche Planung in jedem Jahr von Hand durchgeführt werden, wäre der Planungsaufwand in der Tat beträchtlich. Durch die Übertragung der Planungsarbeit auf ein kybernetisches und rechnergestütztes Modell mit standardisiertem Planungsablauf ist eine wirtschaftliche Planung der Bilanzpolitik mit Pensionsrückstellungen möglich. Dabei ist darauf hinzuweisen, daß das hier vorgeschlagene Modell auf einem Micro-Computer-System lauffähig ist und einen Gesamtprogrammumfang von ca. 120 Kilo-Byte hat. Die Gesamtdurchlaufzeit beträgt je nach der Anzahl der verwendeten Wahlrechte ca. 2 Stunden. Die Struktur des Planungsmodells soll im folgenden erläutert werden.

3. Die Struktur des bilanzpolitischen Planungsmodells

Wir gehen im folgenden davon aus, daß der Planungszeitraum drei Perioden beträgt. Das kybernetische Planungsmodell besitzt dann die folgende Struktur:

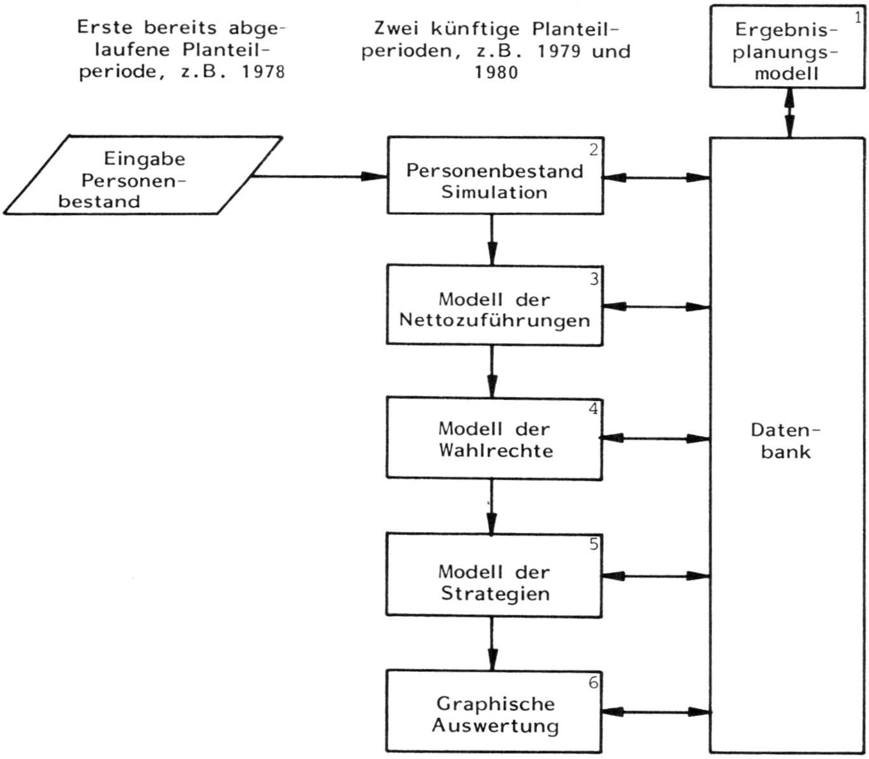

Abb. 1: Struktur des bilanzpolitischen Planungsmodells

Wer Bilanzpolitik betreiben will, muß nicht nur den gegenwärtigen Jahresüberschuß kennen, sondern muß auch eine Vorstellung von der zukünftigen Ertragslage haben. Nur so können die bilanzpolitischen Aktionen am Jahresende mit denen der Folgeperioden abgestimmt werden. Bilanzplanung ist deshalb zwingender Bestandteil der Bilanzpolitik. Der Kenntniserlangung über die zukünftige Ertragslage dient hier ein Ergebnisplanungsmodell als erstes Teilmodell. In einem zweiten Schritt muß der Umfang und die Struktur der bilanzpolitischen Manövriermasse in den einzelnen Planperioden bestimmt werden. Deshalb ist zunächst im 2. Teilmodell die Entwicklung der mit einer Versorgungszusage ausgestatteten Personenbestände festzustellen, denn Anzahl und Höhe der Wahlrechte richten sich nach den Zu- und Abgängen in dem betrachteten Personenbestand. Im 3. Teilmodell werden die Verpflichtungen nach den steuerlichen Bilanzierungsvorschriften bewertet, so daß im 4. Teilmodell die Wahlrechtsbeträge innerhalb der gesamten Zuführungen und Auflösungen definiert werden können. Aus den einzelnen Wahlrechten in jeder Periode werden im 5. Teilmodell Strategien gewonnen, die dann im letzten Teilmodell im Hinblick auf die verfolgte Zielsetzung bewertet werden.

4. Ergebnisplanung

Wenn das Ziel der Modellanwendung darin besteht, Gewinnschwankungen innerhalb eines Planungszeitraumes von drei Jahren auszugleichen, müssen die künftigen Ausgangsgewinne (Gewinne ohne Pensionsrückstellungspolitik) unter Berücksichtigung des erwarteten Konjunkturverlaufes prognostiziert werden können. Erst auf der Grundlage der erwarteten Unternehmensergebnisse lassen sich die Abweichungen zu den gewünschten Gewinnen ermitteln. Diese Abweichungen bestimmen Richtung und Größenordnung der Bilanzpolitik eines jeden Planungsjahres. Nun kennt man die künftige Gewinnentwicklung aber nicht mit Sicherheit, sondern es bestehen darüber nur Erwartungen. Das Planungssystem muß daher eine Entscheidung unter Unsicherheit unterstützen. Im folgenden wird unterstellt, daß der Modellanwender in der Lage ist, seine Erwartungen über die Entwicklung unternehmensinterner und -externer Daten für alternative Konjunkturentwicklungen anzugeben, damit die zukünftigen Jahresüberschüsse prognostiziert werden können. Im Teilmodell Nr. 1 werden die Ergebnisse für die nächsten beiden Jahre unter den Prämissen geschätzt, daß sich die Konjunktur (a) gut,
(b) mittel,
(c) schlecht entwickelt.

Für ein solches Schätzungsmodell ergibt sich beispielsweise folgender Zustandsbaum:

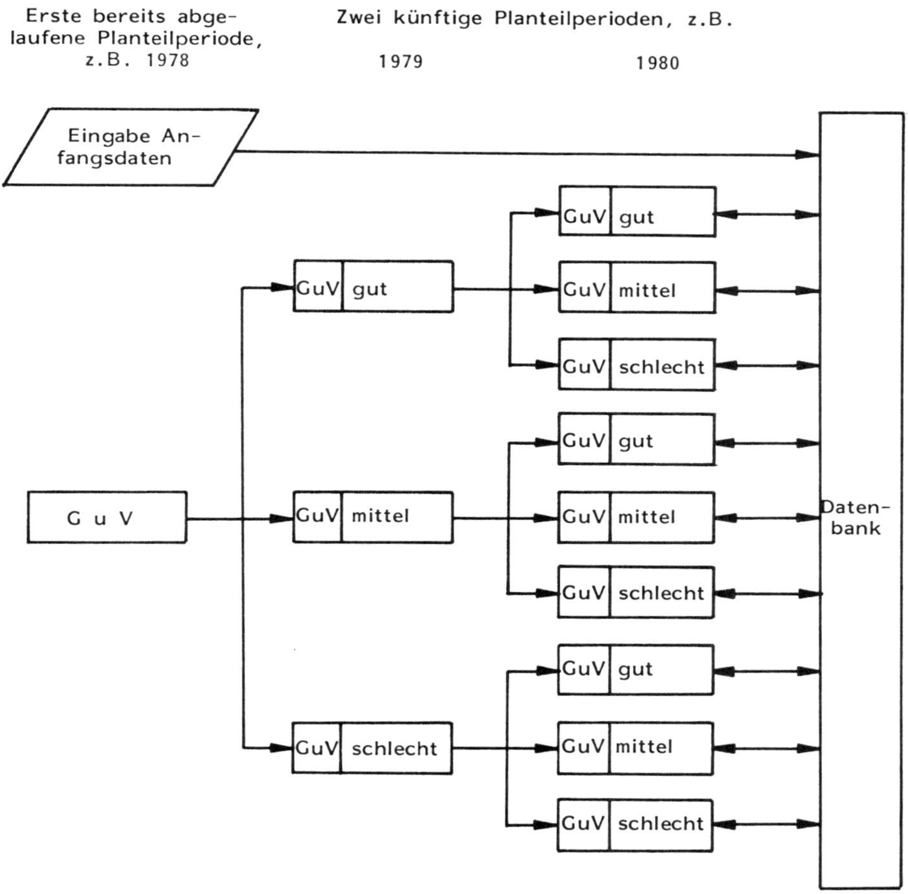

Abb. 2: Zustandsbaum für die Gewinnplanung im Zeitraum von drei Jahren

Für das erste Jahr (hier 1978) besteht keine Unsicherheit, weil man im Zeitpunkt der Entscheidung über den Pensionsaufwand bereits auf die Rohbilanzdaten der gerade abgelaufenen Periode zurückgreifen kann. Mit dem Teilmodell Nr. 1 werden (a) die optimistischen, (b) die mittleren und (c) die pessimistischen Gewinne für die folgenden beiden Jahre geschätzt.

Nach einer guten, mittleren oder schlechten Konjunktur in 1979 kann in 1980 ebenfalls eine gute, mittlere oder schlechte Konjunkturlage mit entsprechenden Einflüssen auf die Unternehmensgewinne eintreten. Insgesamt gelangt man so zu 9 möglichen Konjunkturverläufen für die beiden Planjahre.

Die Bereitstellung der Informationen über die Ausgangsgewinne kann auf ganz unterschiedliche Art und Weise erfolgen. Sicherlich werden in vielen Unternehmen bereits Ergebnisplanungen bestehen, die die zukünftige Gewinnsituation unter alternativen Annahmen über den Konjunkturverlauf prognostizieren und die von der bilanzpolitischen Planung übernommen werden können. Bei kleineren Unternehmen mag auch eine direkte Gewinnschätzung mit hinreichender Genauigkeit möglich sein. Für Fälle, in denen eine Direktschätzung zu ungenau ist oder ein Planungssystem nicht vorliegt, soll kurz gezeigt werden, wie eine solche Ergebnisprognose aufgebaut werden kann.

Der Gewinn wird dabei in einem Regelkreis-Modell geplant. Dazu wird für jede Konjunktursituation ein Satz von Einzeldaten benötigt, die durch ein Simulationsmodell zu Informationen über den künftigen Jahresüberschuß verarbeitet werden. Dabei können für die Eingabegrößen, für die keine punktuellen Werte angegeben werden können, auch Intervallschätzungen eingegeben werden. In diesem Planerfolgsmodell werden die einzelnen Positionen der aktienrechtlichen GuV in einzelnen Modellabteilungen geplant.

Um das Modell mit Daten zu speisen, sind drei Arten von Eingaben erforderlich:

1. Unternehmensexterne Größen der Absatz- und Beschaffungsmärkte und des Kapitalmarktes, etwa die erwartete Absatzmenge, Absatz- und Beschaffungspreise, Zinssätze, Kreditlinien, Lohnsätze.

2. Unternehmensinterne Daten.
   Hier sind an erster Stelle die Höhe der vorjährigen Bilanzpositionen zu nennen. Hinzu kommen nicht-bilanzielle Bestandsgrößen des Vorjahres, wie der Personalbestand, mengenmäßige Endbestände des Fertigwaren- und Materiallagers, Kapazität in Stück etc. Schließlich sind die betrieblichen Restriktionen vorzugeben, etwa die Materialbeschaffungsgrenzen, die Möglichkeiten der Kapazitätsausdehnung, die Personalbeschaffbarkeit oder Kreditrestriktionen.

3. Jahresabschluß-Verhältniszahlen
Bei der letzten Eingabenart handelt es sich um Koeffizienten, wie sie in der Bilanzanalyse gebräuchlich sind. Als Beispiel sei der Sozialabgabenkoeffizient in Prozent von der Summe der Löhne und Gehälter oder der prozentuale Wert der geringwertigen Wirtschaftsgüter an den übrigen Investitionen genannt.

Der Planungsweg ist in Abb. 3 aufgezeigt.

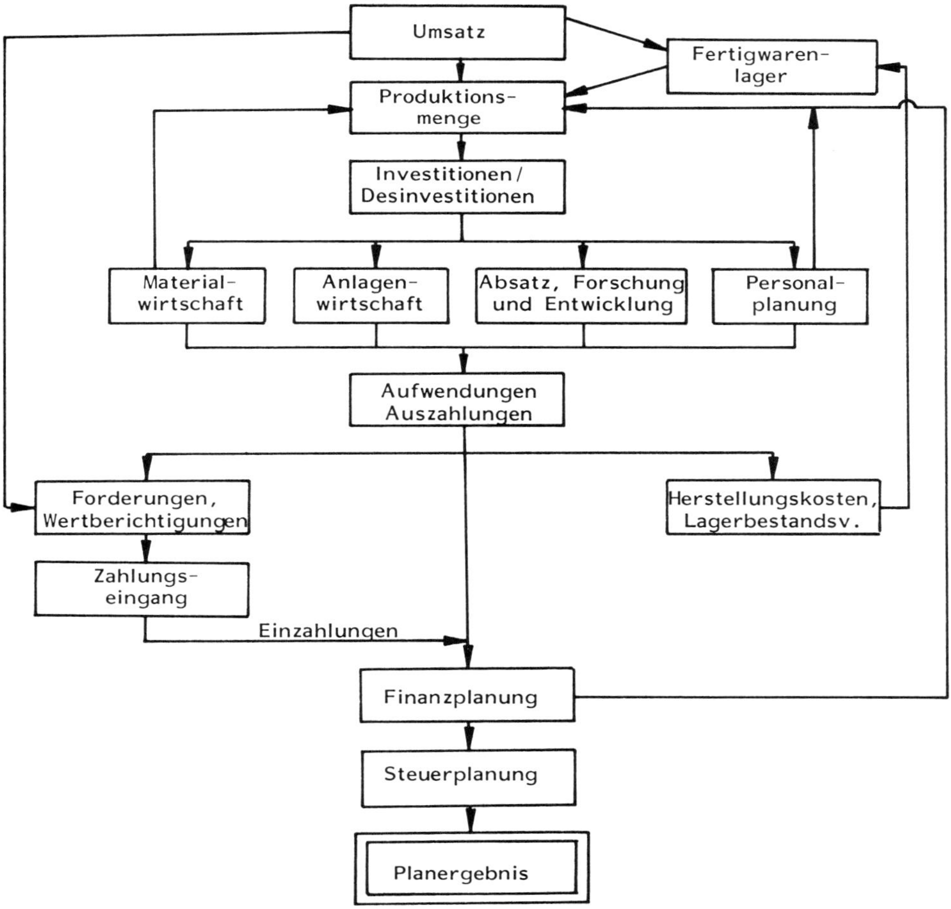

Abb. 3: Struktur des Planergebnismodells

Ausgehend von der Umsatzschätzung, den Fertigwarenbeständen und einem vorgegebenen Lagersicherheitsbestand wird die Produktionsanforderung einer Planperiode bestimmt, weil die Mengenplanung der Werteplanung vorangeht. Durch den Vergleich mit der Kapazität werden eventuell Investitionen oder Desinvestitionen erforderlich.

Im Bereich der Materialwirtschaft wird der zur Erstellung der geplanten Produktion notwendige Materialverbrauch und die Materialbeschaffung für alle Materialarten berechnet und bewertet. Hier können Restriktionen auf dem Beschaffungsmarkt einen Rückkopplungsprozeß zur Produktion und Investition auslösen.

Im Plan der Anlagenwirtschaft wird die Höhe der jährlichen Abschreibung des Anlagevermögens festgestellt. In Höhe des voll abgeschriebenen Vermögens werden Ersatzinvestitionen vorgenommen, um den mengenmäßigen Umfang des Anlagevermögens auf gleichem Niveau zu halten.

In der Personalplanung wird zunächst die Zahl der erforderlichen Arbeitsplätze nach der vorhandenen und der eventuell neu zu investierenden bzw. desinvestierten Kapazität festgestellt. Rationalisierungsinvestitionen lassen sich berücksichtigen. Auch in der Personalplanung können sowohl die Investitionsvorhaben durch eine mangelnde Personalbeschaffbarkeit wie auch die vorgesehenen Desinvestitionen durch eine verzögerte Kündbarkeit der Belegschaft begrenzt werden, so daß auch durch die Personalplanung Rückkopplungsprozesse ausgelöst werden können. Über die Berechnung der Jahreslohnstunden wird der Lohnaufwand und daran anschließend der Gehaltsaufwand und Sozialaufwand berechnet.

Nach der Planung des Produktionsfaktoraufwandes kann der Herstellungskostensatz pro Produkt berechnet werden, mit dem die in der GuV erfaßten Bestandsveränderungen bewertet werden.

Da im gesamten Teilmodell 1 die Ein- und Auszahlungen getrennt von den bilanziellen Aufwendungen und Erträgen ermittelt werden, kann auch eine Finanzplanung durchgeführt werden. Ergebnis der Finanzplanung als Gegenüberstellung von Einzahlungen und Auszahlungen ist eine Liquiditätsüberdeckung bzw. -unterdeckung, die entweder kontinuierlich in Finanzinvestitionen angelegt oder im umgekehrten Fall finanziert werden muß. Dabei können sowohl verschiedene Finanzinvestitionen als auch mehrere Außenfinanzierungsquellen im Modell berücksichtigt werden. Wenn die Außenfinanzierungsquellen aufgrund bestehender Kreditrestriktionen nicht ausreichen, um den entstandenen Kapitalbedarf zu decken, sorgt ein Liquiditätsregelkreis dafür, daß die Produktionsmenge und die Investitionen auf das finanzierbare Niveau zurückgeführt werden.

In der folgenden Steuerplanung werden abschließend die Ertragsteuern berechnet.

Als Ergebnis des Modelldurchlaufs wird ein Zustandsbaum festgestellt, an dessen Konjunktursituationen die Jahresüberschußintervalle aufgeführt sind. Anhand der Abweichung dieser Intervallwerte vom Zielgewinnintervall, in dem die Gewinne liegen sollen, die eine Ausschüttung der vorgegebenen Dividende erlauben, kann der notwendige Umfang der bilanzpolitischen Manövriermasse für jede Konjunktursituation ebenfalls in Intervallform bestimmt werden.

Da wir im Hause der Daimler-Benz AG zu Gast waren, habe ich einmal versucht, die Eingabedaten aus den Bilanzen und Geschäftsberichten der Daimler-Benz AG abzuleiten, so weit dies einem externen Analysten möglich ist. Das Gewinnspektrum, das mit dem Planerfolgsmodell für die beiden Planjahre berechnet wurde, zeigt Abb. 4.

Wir können uns nun der Pensionsaufwandplanung zuwenden, in der ermittelt wird, inwieweit durch eine Ausübung der Wahlrechte bei den Pensionsrückstellungen die erforderliche Gewinnverlagerungsmasse in den beiden Planperioden bereit gestellt werden kann.

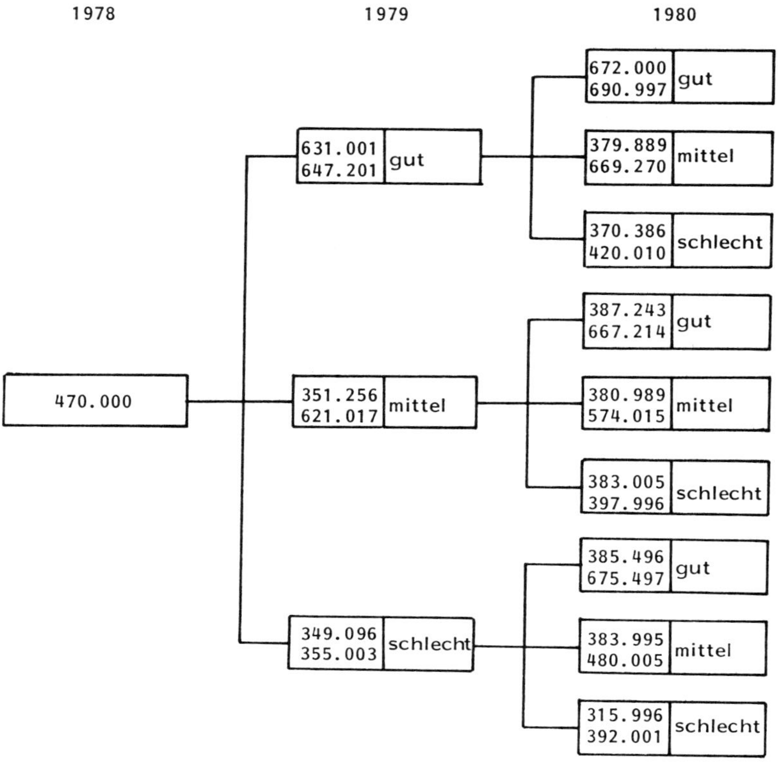

Abb. 4: Jahresüberschussintervalle vor Pensionsaufwand in Tsd. DM

5. Pensionsaufwandplanung

51. Wahlrechte bei der Bilanzierung von Pensionsrückstellungen

Bevor Strategien für die Wahlrechtsausübung formuliert werden können, ist es an dieser Stelle erforderlich, zunächst einen kurzen Einblick in die Methode der Bilanzierung von Pensionsrückstellungen und in Art und Umfang der einzelnen Wahlrechte, von denen bisher nur pauschal die Rede war, zu geben. Dazu müssen wir uns zunächst dem Rückstellungsverlauf für eine einzelne Verpflichtung zuwenden.

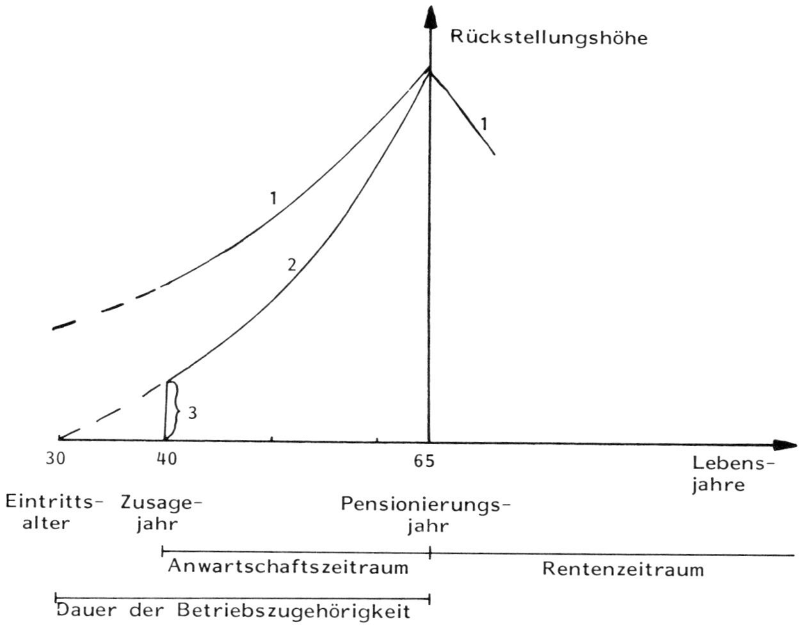

1 Barwert der Rentenverpflichtung
2 Teilwert der Rentenverpflichtung ≙ Soll-Rückstellungsverlauf
3 Einmalrückstellung bei Zusage (Teilwertsprung)

Abb. 5: Barwert- und Teilwertverlauf

Hierbei sind einige für den Rückstellungsverlauf markante Zeitpunkte im Leben eines Anwärters und späteren Rentners zu erklären. Eine Pensionsrückstellung in der Bilanz hat den Zweck, während der Anwartschaftszeit ein nach versicherungsmathematischen Gesichtspunkten bestimmtes Deckungskapital gewinnmindernd anzusammeln. Eine Rückstellung wird ab dem Zeitpunkt der rechtsverbindlichen Zusage an den berechtigten Arbeitnehmer erstmals bilanzierungsfähig. Der Betrag, der bis zum vertraglich vorgesehenen Pensionierungszeitpunkt (hier das 65. Lebensjahr) zurückgestellt sein soll, wird als Barwert der Rentenverpflichtung bezeichnet. Dieser Barwert umfaßt die auf das jeweilige Lebensjahr eines Anwärters abgezinste Summe der Jahresrenten, die nach der durchschnittlichen Lebenserwartung des Pensionärs zu zahlen sein werden. Nach Eintritt des Versorgungsfalles, also in unserem Falle nach Überschreiten der Altersgrenze, wenn die Rentenzahlungen aufgenommen werden, wird die Rückstellung gewinnerhöhend aufgelöst. Da der volle Barwert einer Verpflichtung während der Anwartschaft noch nicht vorhanden zu sein braucht, wird er in dieser Zeit kontinuierlich angesammelt. Auf die versicherungsmathematischen Einzelheiten dieses Ansammlungsverfahrens soll hier nicht eingegangen werden. Es braucht nur festgestellt zu werden, daß in jedem Jahr ein in seiner Höhe genau festliegender Betrag nach der steuerlich erlaubten Teilwertmethode der Rückstellung zugeführt werden kann. Somit ergibt sich für die Rückstellung ein während der Anwartschaft steigender und nach dem Pensionierungszeitpunkt fallender Verlauf, bis die Rückstellung bei Wegfall der Verpflichtung, etwa bei Tod eines Rentners, aufgelöst werden muß.

Bei der steuerlichen Teilwertbewertung wird der Barwert unabhängig vom Zusagejahr fiktiv von dem Zeitpunkt des Diensteintrittes des Arbeitnehmers bis zur Pensionierung angesammelt. Erfolgt die Zusage deshalb nach dem Diensteintritt, so wird die bisher noch nicht zulässige Rückstellung im Zusagejahr in einer Einmalrückstellung nachgeholt. Diese Einmalrückstellungen können zuweilen recht hoch ausfallen, weshalb der Steuergesetzgeber erlaubt, diesen Einmalrückstellungsbetrag auf drei Jahre gleichmäßig zu verteilen. Der Einmalbetrag wird um so größer ausfallen, je weiter Diensteintritt und Zusagezeitpunkt voneinander entfernt sind.

Aufgrund des allgemeinen Passivierungswahlrechtes können die in ihrer Höhe festliegenden Zuführungsbeträge innerhalb der Anwartschaftszeit nun jeweils unterlassen werden.

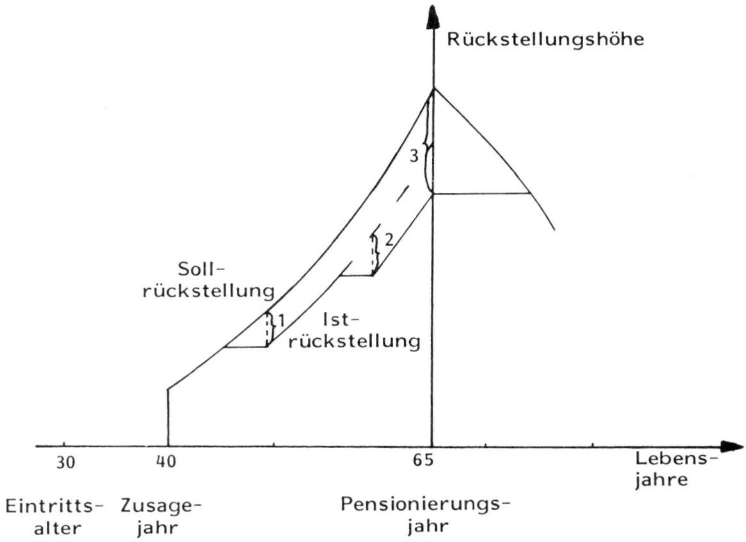

1 Erste unterlassene Jahreszuführung
2 Zweite unterlassene Jahreszuführung
3 Höhe der drittelungsfähigen Einmalrückstellung bei Eintritt des Versorgungsfalles ≙ gesamte Soll-Ist-Abweichung (3=1+2)

Abb. 6: Unterlassene Zuführungen

Wird z.B. in einem Jahr die Zuführung unterlassen, so können die zulässigen weiteren Zuführungen in den folgenden Lebensjahren des Berechtigten ungehindert weiter vorgenommen werden. Die Rückstellung enthält dann einen Fehlbetrag und erreicht deshalb den Barwert bei Eintritt des Versorgungsfalles nicht. Wird die Zuführung in einem späteren Jahr noch einmal unterlassen, so vergrößert sich der Fehlbetrag. Die Rückstellung kann in den Folgejahren mit den weiteren planmäßigen Zuführungen aufgestockt werden. Aufgrund des Nachholverbotes in der Steuerbilanz ist eine Nachholung der ehemals unterlassenen Zuführungen nur möglich, wenn entweder der Versorgungsfall eintritt, also hier das 65. Lebensjahr überschritten wird, oder wenn der Berechtigte vorher mit unverfallbarer Anwartschaft aus dem Unternehmen ausscheidet. In beiden Fällen kommt der Barwert, also die obere Kurve in der Abb. 6 als Verpflichtungsausweis zum Ansatz. In beiden Fällen liegt aber auch ohne Nachholung früherer Fehlbeträge eine Einmalrückstellung vor, die auf drei Jahre verteilt werden kann. Auch die normale Jahreszuführung für einen 65jährigen Anwärter ist bereits eine drittelungsfähige Einmalrückstellung. Jedoch ist die Einmalrückstellung umso höher, je mehr früher unterlassene Rückstellungszuführungen im gleichen Zuge nachgeholt werden. Insofern wird auch die Begründung für die zuvor aufgestellte Behauptung deutlich, daß die Wahlrechtsvolumina im Zeitablauf voneinander abhängen. Denn je nach der Höhe der Fehlbeträge aus früheren Jahren wird die Einmalrückstellung für einen 65jährigen Anwärter unterschiedlich ausfallen. Deshalb kann es von Vorteil sein, wenn z.B. in zwei Jahren ein hoher Aufwand bilanzpolitisch wünschenswert ist, jetzt für die 65jährigen Anwärter die Zuführungen zu unterlassen, um sie bei passender Gelegenheit in zwei Jahren nachzuholen. Von daher ist eine Abstimmung der Wahlrechtsausübung mit den Gewinnerwartungen unumgänglich. Allerdings braucht der Bilanzierende die Einmalrückstellung nicht zu verrechnen, sondern er kann auch hier wieder auf die Zuführung der Einmalrückstellung gänzlich oder zu einem beliebigen geringeren Teil verzichten. Verzichtet er auf die Aufstockung bis zum Barwert, ist die Auflösung der Rückstellung so lange auszusetzen, wie die Sollrückstellung die Istrückstellung übersteigt. In diesen Jahren fehlen somit die gewinnerhöhenden Auflösungen, so daß die Rentenzahlungen den Gewinn in voller Höhe mindern.

Jedoch wird ein Versorgungsfall nicht allein durch das Überschreiten der Altersgrenze ausgelöst, wenn dem Anwärter neben der Altersrente noch eine Invalidenrente zugesagt wurde. Somit kann der Versorgungsfall bereits in jedem Anwartschaftsjahr eintreten. Das gleiche gilt für die Zusage einer Witwenrente in Höhe von 60 % der Mannesrente.

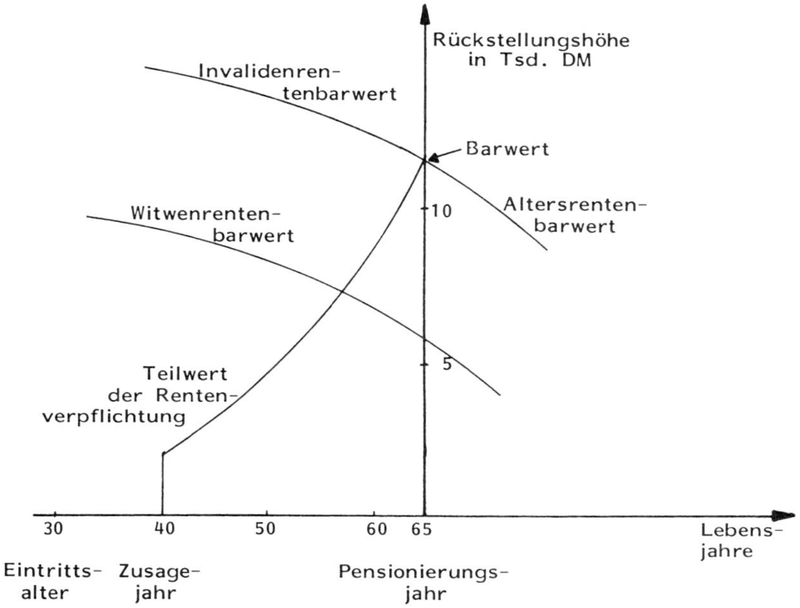

Abb. 7: Verlauf der Teilwerte und Barwerte einer Verpflichtung in Höhe von 1.000 DM p.a. Mannesrente bei gleicher Invalidenrente und 60 % Witwenrente (Zinssatz 5,5 %)

In Abb. 7 wird an der Differenz zwischen der Barwertkurve für eine laufende Invalidenrente und dem Verlauf der Anwartschaftsrückstellung (Teilwert) ersichtlich, welcher Aufstockungsbedarf in diesen Fällen erforderlich ist. Auch hier liegen jeweils drittelungsfähige Einmalrückstellungen vor.

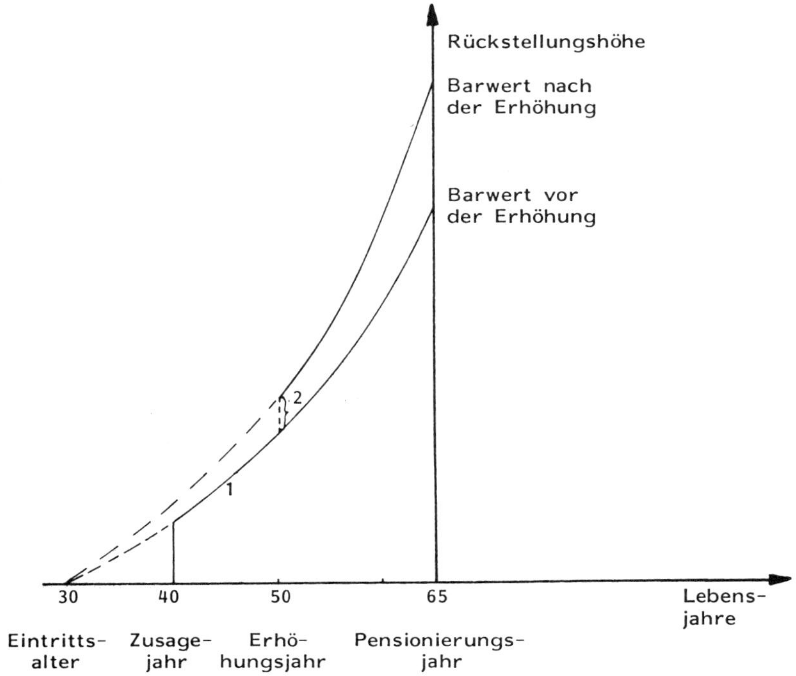

1 Teilwertverlauf der Rentenverpflichtung vor der Erhöhung
2 Einmalrückstellung im Zeitpunkt der Rentenerhöhung

Abb. 8: Erhöhung der Rentenzusage

Nach den Unterstellungen der steuerlichen Teilwertmethode wird im Fall einer Rentenerhöhung so verfahren, als hätte die erhöhte Rentenzusage bereits bei der Zusage gegolten. Von daher kann im Erhöhungsjahr eine Aufstockung der Rückstellung vorgenommen werden. Derartige Aufstockungen können z.B. bei dynamisierten Zusagen in jedem Jahr vorgenommen werden. Eine solche Erhöhung kann dann auf drei Jahre verteilt werden, wenn sie so umfangreich ist, daß sich durch die Rentenerhöhung der Barwert (Ordinatenabschnitt) um mehr als 25 % erhöht.

Darüber hinaus gibt es noch ein Wahlrecht bei der Auflösung von Pensionsrückstellungen zwischen der sogenannten versicherungsmathematischen und der buchhalterischen Auflösungsmethode.

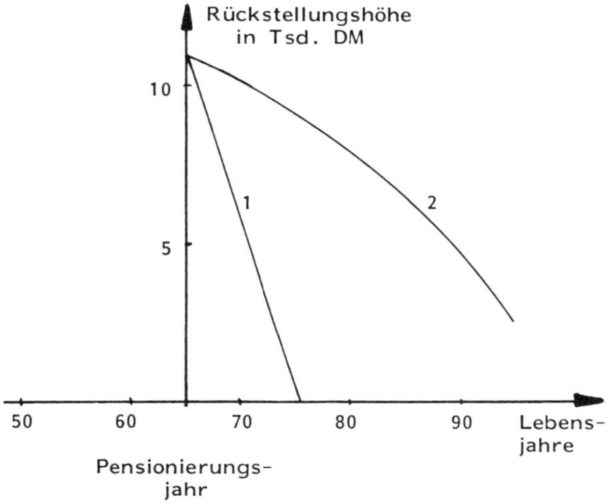

1 Buchhalterische Rückstellungsauflösung in Höhe jeweils einer Jahresrente
2 Versicherungsmathematische Auflösung in Höhe der jährlichen Barwertdifferenzen (Barwertverlauf)

Abb. 9: Buchhalterische und versicherungsmathematische Auflösung (Daten wie in Abb. 7)

Der Barwert sinkt jährlich ab Eintritt des Versorgungsfalles. Der jährliche Auflösungsbetrag wird dabei als Ertrag in die GuV eingestellt, während die gezahlte Rente als Aufwand das Ergebnis belastet. Wegen der Verzinsung des Rückstellungsbetrages und der sich ändernden Lebenserwartung ist die jährliche Auflösung immer geringer als die Rentenzahlung, so daß jährlich per Saldo ungefähr 3/4 der Rentenzahlungen aufwandwirksam werden. Diese Vorgehensweise wird als sogenannte versicherungsmathematische Methode bezeichnet. Es ist aber auch möglich, die vollen Rentenzahlungen gegen die Rückstellung zu buchen, so daß der Auflösungsvorgang per Saldo erfolgsneutral bleibt (buchhalterische Auflösungsmethode).

Eine letzte Gruppe von Wahlrechten betrifft das vertragliche Pensionierungsalter, das der Berechnung zugrunde gelegt wird. Nach der Regelung des Betriebsrentengesetzes können Anwärter die Betriebsrente auch schon im

63. Lebensjahr abrufen, wenn sie zur gleichen Zeit die Rente aus der Sozialversicherung beziehen. Deshalb besteht generell die Möglichkeit, der Rückstellung auch das 63. Lebensjahr als Endalter zugrunde zu legen.

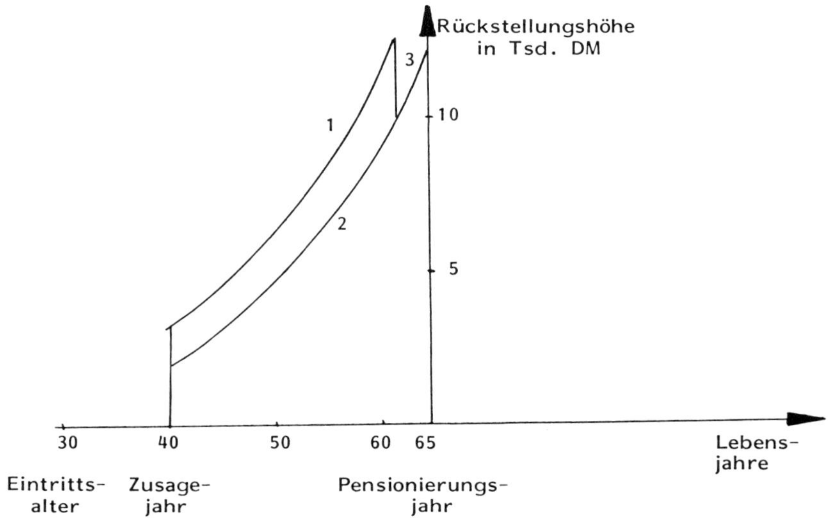

1 Verlauf des Anwartschaftsteilwertes beim Endalter 63
2 Verlauf des Anwartschaftsteilwertes beim Endalter 65
3 Nachholbarer Fehlbetrag für flexible Altersrentner beim Endalter 65

Abb. 10: Teilwertverlauf beim Endalter 65 bzw. 63 Jahre

Bei gleicher Rentenhöhe wären die Zuführungen in diesem Falle in allen Lebensjahren höher, weil der Barwert der Rentenverpflichtung für eine im 63. Lebensjahr einsetzende Rente höher ist, da der Berechtigte die Rente im Durchschnitt länger beziehen wird. Ebenso ist es aber möglich, das 65. Lebensjahr beizubehalten und für die Anwärter, die die flexible Altersgrenze in Anspruch nehmen, die Rückstellung auf den entsprechend höheren Barwert aufzustocken, wodurch die drittelungsfähige Einmalrückstellung bei Überschreiten der Altersgrenze erhöht wird.

Fassen wir die Wahlmöglichkeiten bei der Bilanzierung von Pensionsrückstellungen zusammen, so ergeben sich insgesamt die in Abb. 11 aufgeführten Alternativen.

I. Einmalrückstellungen

Sachverhalte \ Alternativen	Vollzuführung	Unterlassen	Drittelung	Zwischenwerte
1) Erstzuführung	X		X	
2) Erhöhung des Barwertes um mehr als 25 %				
3) Versorgungsfälle				
- Pensionierung	X		X	
- Invalidität	X		X	
- Hinterbliebenenversorgung	X		X	
4) Ausscheiden mit unverfallbarer Anwartschaft				

II. Zuführungswahlrechte für alle planmäßigen Jahreszuführungen

Lebensalter \ Alternativen	Vollzuführung	Unterlassen[1]	Zwischenwerte
30			
⋮			
61			
62			
63	X	X	
64	X	X	

1 Nachholungen in den Fällen I 3 und I 4 möglich

III. Auflösungsmethodenwahlrecht

versicherungsmathematische Auflösung ⟷ buchhalterische Auflösung

IV. Endalterwahlrechte

Endalter 65 ⟷ Endalter 63

Nachholung der Fehlbeträge für flexible Altersrentner bei I 3

Abb. 11: Wahlrechte bei der Bilanzierung von Pensionsrückstellungen, Teil I-IV.

Dabei kann grob unterschieden werden zwischen den drittelungsfähigen Einmalrückstellungen, den allgemeinen Zuführungswahlrechten für alle Lebensjahre des Anwartschaftszeitraumes, dem Wahlrecht der Auflösungsmethode und dem Endalterwahlrecht. Bei den Einmalrückstellungen und den Zuführungswahlrechten verbirgt sich hinter der Alternative "Zwischenwerte" ein ganzes Spektrum von Alternativen, denn jeder Zwischenwert zwischen der Vollzuführung und der Unterlassensalternative ist möglich. Um die bilanzpolitischen Möglichkeiten der Pensionsrückstellungen zu verdeutlichen, wird in die folgende Analyse nur eine Minimalausstattung an Wahlrechten einbezogen. Von den Einmalrückstellungen werden lediglich Wahlrecht 1) und die Versorgungsfälle unter 3) betrachtet. Bei den Zuführungswahlrechten beschränken wir uns auf die Zuführungen zu den Rückstellungen der 63 und 64jährigen Anwärter, weil die Fehlbeträge für diese beiden Altersgruppen innerhalb des Planungszeitraumes von drei Perioden nachgeholt werden können. Dabei werden bei den Einmalrückstellungen nur die Alternativen Vollzuführung bzw. Drittelung und bei den Zuführungswahlrechten nur die Alternativen Vollzuführung bzw. Unterlassen berücksichtigt. Damit wird die höchste Flexibilität bei der Aufwandverrechnung erreicht. Gleichzeitig wird der gesamte Aufwand innerhalb des Planungszeitraumes nur verschoben, nicht aber endgültig unterlassen. Das Prinzip der Wahlrechtsplanung beruht darauf, daß in einem Personenbestand alle für eine einzelne Verpflichtung gezeigten Wahlrechte in jedem Jahr gleichzeitig zur Disposition stehen. Die Planung kann demnach jährlich von einer gleichstrukturierten Manövriermasse ausgehen, denn in jedem Jahr kommen neue Anwärter hinzu und Versorgungsfälle treten ein, die bilanzielle Wahlrechte nach sich ziehen.

52. Prämissen der Pensionsaufwandplanung

Die Prämissen des folgenden Modelldurchlaufs können wie folgt zusammengefaßt werden:

(1) Es wird ein Anwärterbestand betrachtet, dessen Mindestalter so hoch ist, daß die Fluktuation von Anwärtern keine nennenswerte Rolle mehr spielt. Deshalb wird unterstellt, daß die Anwärter erst im 45. Lebensjahr ihre Zusage erhalten. Dadurch wird der Personenbestand weitgehend

unabhängig von personalpolitischen Entscheidungen. Weiterhin wird unterstellt, daß die Diensteintritte der Berechtigten vor dem 30. Lebensjahr stattgefunden haben, da für die steuerliche Teilwertmethode die Dienstzeit erst ab dem 30. Lebensjahr gezählt wird. Somit weisen alle Anwärterrückstellungen den gleichen Teilwertsprung auf.

(2) Es wird eine Festrentenzusage für alle Anwärter und Rentner von DM 433 monatlich bei gleichhoher Invalidenrente und 60 % Witwenrente unterstellt. Diese Rentenhöhe entspricht 15 % des Durchschnittseinkommens in 1978 und damit auch dem häufigsten Versorgungsniveau. Hingegen sollen Rentenanpassungen an steigende Lebenshaltungskosten im Planungszeitraum nicht erforderlich sein.

(3) Für die Versorgungsfälle wird unterstellt, daß sie in der Mitte des Jahres eintreten und die Rentenzahlung direkt im Anschluß daran aufgenommen wird.

(4) Pensionierungsendalter soll allein das 65. Lebensjahr sein, es wird der steuerliche Rechenzinsfuß von 1978 mit 5,5 % angesetzt.

(5) Die Auflösungen werden nach der versicherungsmathematischen Methode vorgenommen.

53. Mengenplanung und Bewertung

Der Fortgang der Planung in den folgenden Modellteilen soll ebenfalls anhand der Beispiele einer Unternehmung in der Größenordnung der Daimler-Benz AG erläutert werden:

Die gewünschte Dividende soll für 1978 DM 240 Mio., für 1979 DM 270 Mio. und für 1980 DM 290 Mio. betragen. Gemäß der oben formulierten Zielsetzung darf der Jahresüberschuß in jedem Planjahr nicht geringer sein als der gewünschte Dividendenbetrag, aber auch nicht größer sein als das Doppelte dieses Betrages, um die Gewinnverwendungskompetenzen der Unternehmensleitung nicht zu überschreiten.

Für die oben mit dem Ergebnisplanungsmodell prognostizierten Ausgangsgewinne soll die modellgestützte Wahlrechtsplanung gewährleisten, daß die Gewinne in allen 3 Planperioden in dem genannten Dividendenintervall liegen.

Im ersten Planungsschritt muß festgestellt werden, wie sich der Anwärterbestand, also die aktiven Arbeitnehmer, denen eine Rentenzusage erteilt wurde, und der Rentnerbestand in den Planjahren zahlenmäßig entwickeln werden. Hierzu werden die vom Lebensalter abhängigen statistischen Ausscheidewahrscheinlichkeiten in Form von Sterbetafeln herangezogen.

Mit Hilfe einer empirischen Altersgliederung kann der Anteil der 45-65jährigen an der Gesamtbelegschaft von 141.000 Mitgliedern und die zahlenmäßige Besetzung der einzelnen Altersklassen für das Planjahr 1978 bestimmt werden. Insgesamt sind rund 52.000 Mitarbeiter in das betrachtete Versorgungsmodell einbezogen. Die Besetzungszahlen für die einzelnen Rentnergruppen wurden durch Anwendung von Sterbetafeln aus den Belegschaftszahlen der früheren Jahre hochgerechnet.

Die Abgänge aus den einzelnen Personenbeständen können bei genügend großem Berechtigtenkreis nach überbetrieblichen Wahrscheinlichkeiten berechnet werden, so daß die Planung insofern keine Probleme bereitet. Die Zugänge zu den einzelnen Rentnergruppen werden automatisch durch die Abgänge bei den Anwärtern und anderen Rentnergruppen bestimmt. So werden etwa die invalide gewordenen Anwärter in die Gruppe der Invalidenrentner übernommen und fortgeführt. Ebenso werden die verheiratet verstorbenen Anwärter und Rentner als Witwenrentner weitergeführt. Lediglich bei den Zugängen zu der Anwärtergruppe sind die betriebsindividuellen Aufnahmeregelungen nachzubilden. Deshalb wurde hier unterstellt, daß die Zugänge lediglich im 45. Lebensjahr erfolgen, wobei die Zahl der 45jährigen Neuanwärter vorgegeben werden muß. Die Ergebnisse dieser Personenbestandssimulation sind anhand eines Beispiels für das Planjahr 1979 in Abb. 12 dargestellt.

So werden von 3.707 Neuanwärtern des Jahres 1979 bereits im gleichen Jahr 17 zu Invaliden und 21 versterben. Für die restlichen 3.669 Anwärter müssen die Erstrückstellungen gebildet werden, die den Rückstellungsaufwand vom Diensteintritt an nachholen. Für die 17 Neuinvaliden dieser Altersgruppe können die Rückstellungen vom Anwartschaftswert auf den Invalidenbarwert aufgestockt werden. Für die Verstorbenen muß zunächst anhand einer altersabhängigen Verheiratungswahrscheinlichkeit geprüft werden, ob sie eine versorgungsberechtigte Witwe hinterlassen bzw. ob sie unverheiratet sterben. Je nachdem werden die Rückstellungen für die Verstorbenen auf den Witwenrentenbarwert aufgestockt bzw. ganz aufgelöst. Die Auswirkungen der Personenbestandsereignisse für die Rückstellungszuführungen sind in Abb. 13 dargestellt. So betragen die Erstrückstellungen für die 45jährigen Neuanwärter DM 58.345.025, und für die Neuinvaliden betragen die Aufstockungen insgesamt DM 33.716.281. Die Wahlrechtsbeträge für das Planjahr 1979 sind an den Einrahmungen zu erkennen. Davon gehören zu den Einmalrückstellungen

- die Erstzuführungen in Höhe von DM 58.345.025
- die Zuführungen für die 65jährigen Neurentner in Höhe von DM 3.869.326
- die gesamten Zuführungen zu den Neuinvalidenrückstellungen für alle Altersgruppen in Höhe von DM 33.716.281 und
- die gesamten Zuführungen zu den Neuwitwenrückstellungen, soweit diese ein positives Vorzeichen haben.

Zu den betrachteten Zuführungswahlrechten gehören die Zuführungen zu den Rückstellungen

- für die 65jährigen Anwärter in Höhe von DM 3.624.872
- für die 64jährigen Anwärter in Höhe von DM 3.722.413.

Die betrachteten Wahlrechtsalternativen sind in Abb. 14 noch einmal zusammengefaßt.

Die Struktur des gesamten Aufwandes, der bei voller Aufwandverrechnung, also ohne bilanzpolitische Aufwandverschiebungen, für das genannte Versorgungswerk notwendig ist, ist in Abb. 15 dargestellt. Hierzu gehören die Rentenzahlungen ebenso wie die Rückstellungsveränderungen. Dabei geht die Planung der Auflösungen analog zur Planung der Zuführungen vor sich. Die gesamten Zuführungen und Auflösungen betragen z.B. für 1979 DM 183 Mio. Insgesamt ergibt sich für 1979 ein Gesamtaufwand, bestehend aus Rentenzahlungen, Zuführungen und Auflösungen von DM 279 Mio., der nun in Abhängigkeit von der erwarteten Gewinnentwicklung variiert wird. Die zugehörige Rückstellungshöhe beträgt bei diesem Versorgungswerk knapp DM 3,3 Mrd.

I Alter	II Aktive	III Neuinvalide	IV Verstorbene	V Restaktive	VI Neuwitwen	VII unverheiratete Tote
45	3.707	17	21	3.669	19	2
46	3.598	18	23	3.557	21	2
.	.	.	.	.	.	.
.	.	.	.	.	.	.
50	3.141	28	24	3.089	22	2
.	.	.	.	.	.	.
.	.	.	.	.	.	.
.	.	.	.	.	.	.
60	1.812	98	28	1.686	24	4
61	1.651	101	28	1.522	24	4
62	1.490	104	27	1.359	23	4
63	1.330	105	27	1.198	23	4
64	1.173	103	26	1.044	22	4
65	1.023	99	27	895	24	5
Summe	51.733	1.272	543	49.918	483	60
	Anfangsbestand ./.	Abgänge ./.	Abgänge =	Endbestand		

Abb. 12: Entwicklung der aktiven Mitarbeiterzahl mit Pensionszusagen (Anwärter) im Jahr 1979

Alter	Aktivenzuführung	Invalidenzuführung	Witwenzuführung	Vollauflösung für unverheiratete Verstorbene
45	58.345.025	1.204.163	900.346	0
46	5.021.345	984.058	651.849	- 31.805
.	.	.	.	.
.	.	.	.	.
50	5.034.019	1.333.412	520.009	- 43.721
.	.	.	.	.
.	.	.	.	.
.	.	.	.	.
60	3.683.893	2.248.049	9.112	- 161.451
61	3.578.328	2.002.091	- 59.911	
62	3.575.977	1.715.843	- 127.841	
63	3.624.872	1.350.822	- 205.221	
64	3.722.413	911.922	- 279.451	
65	3.869.326	428.003	- 408.993	
Summe	146.286.456 +	33.716.281 +	5.429.105 +	- 2.086.768 = 183.345.074

☐ ≙ Bei der Wahlrechtsausübung berücksichtigte Beträge

Abb. 13: Anwärter-Zuführungen in DM im Jahre 1979

Jahr	1978		1979		1980	
Alternativen / Sachverhalte (vgl. Abb. 11)	Vollzuführung	Drittelung bzw. Unterlassen	Vollzuführung	Drittelung bzw. Unterlassen	Vollzuführung	Drittelung bzw. Unterlassen
I Einmalrückstellungen						
1) Erstzuführung (Alter 45)	57.215.971	19.071.990	58.345.025	19.448.341	59.505.882	19.835.294
3) Versorgungsfälle						
- Pensionierung (Alter 65)	3.782.861	1.260.953	3.869.326	1.289.775	3.947.145	1.315.715
- Invalidität	33.050.282	11.016.760	33.716.281	11.238.760	34.541.211	11.513.737
- Hinterbliebenenversorgung	6.378.071	2.126.023	6.510.522	2.170.174	6.678.348	2.226.116
II Planmäßige Jahreszuführungen						
- Alter 63	3.549.228	0	3.624.872	0	3.706.568	0
- Alter 64	3.647.537	0	3.722.413	0	3.800.854	0
Summe	107.623.950 (maximal)	33.475.736 (minimal)	109.788.439	34.147.050	112.180.008	34.890.862

Abb. 14: Einzelwahlrechte

Jahr	1978	1979	1980
A) Rentenzahlungen:			
Neurentner Alter 65	2.270.625	2.322.525	2.369.235
Neuinvaliden	3.235.965	3.300.840	3.378.690
Neuwitwen	733.347	752.031	770.715
Altinvaliden	31.217.850	32.074.200	32.909.790
Neuinvaliden Witwen	805.488	826.248	855.312
Invaliden Abgang	98.610	98.610	98.610
Altwitwen	44.284.194	47.591.262	50.966.838
Witwen Abgang	314.514	359.667	415.719
Altrentner	78.597.360	82.785.690	86.807.940
Neurentner Witwen	2.607.456	2.777.688	2.968.680
Rentner Abgang	568.305	633.180	705.840
Summe	164.733.714	173.521.941	182.247.369
B) Rückstellungszuführungen/-auflösungen:			
Anwärter	179.677.210	183.345.074	187.284.840
Invaliden	- 11.905.161	- 12.154.981	- 12.447.999
Witwen	- 17.950.108	- 19.733.760	- 21.694.804
Rentner	- 42.405.494	- 45.045.765	- 47.804.920
Summe	107.416.447	106.410.568	105.337.117
C) Höchstmögliche Pensionsaufwendungen = A) + B)	272.150.161	279.932.509	287.584.486

Abb. 15: Höchstmögliche Pensionsaufwendungen in DM

54. Strategienauswahl

Aus den Wahlrechten werden im 5. Teilmodell die Strategien kombiniert. Da insgesamt sechs Wahlrechte in dem Modell zur Verfügung stehen mit jeweils zwei Alternativen, lassen sich daraus 64 Wahlrechtskombinationen für ein Planjahr bilden, die sich bei der Wahlrechtsausübung jeweils voneinander unterscheiden. Hinter der Kombination der Periodenstrategien zu einer Gesamtstrategie verbirgt sich der rechnerisch aufwendigste Planungsschritt. Die wechselseitige Abhängigkeit der Wahlrechtsvolumina im Zeitablauf sorgt für einen erheblichen Planungsaufwand, der im einzelnen hier nicht nachvollzogen werden kann. Insgesamt müssen mit Hilfe des Rechners 64^3 Strategien berechnet werden.

Soweit die Strategien zumindest für einen der Konjunkturverläufe des Zustandsbaumes erfolgversprechend sind, werden sie im letzten Auswahlschritt unter Zugrundelegung der Wahrscheinlichkeiten der Konjunkturverläufe nach den Grundsätzen der Monte-Carlo-Simulation und der Stichprobentheorie im Hinblick auf ihre Zielerfüllung getestet.

Als Ergebnis der zufallsgesteuerten Auswahl erhält man Wahlrechtsstrategien, die mit einem vorgegebenen Sicherheitsgrad von z.B. 80 oder 90 % garantieren, daß die künftigen Jahresüberschüsse nach Verrechnung des gesamten Pensionsaufwandes nicht kleiner als die vorgegebene Dividende und nicht größer als das Doppelte dieses Betrages sind. Für die im Beispiel aufgezeigte Gewinnerwartung und die einbezogenen Wahlrechte ergeben sich insgesamt 3 von rund 260.000 möglichen Wahlrechtsstrategien, die das Dividendenziel erreichen. Die endgültige Auswahl zwischen diesen drei Strategien kann etwa unter dem Gesichtspunkt der Steuerminimierung oder der Rücklagenmaximierung vorgenommen werden. Es ist ebenso möglich, noch eine andere Zielgröße, etwa den Cash flow, zur Auswahl heranzuziehen.

Die Modellplanung zeigt, daß eine Anpassung der Wahlrechtsausübung an wechselnde Gewinnlagen durch ad hoc-Entscheidungen nicht möglich ist. Allein eine umfassende Planung, die alle Verknüpfungen der Wahlrechtsvolumina im Hinblick auf die zukünftigen Gewinnerwartungen koordiniert, garantiert eine bilanzpolitisch erfolgreiche Anpassung. Gerade bei wechselnden Gewinnen ermöglicht eine möglichst breite Auswahl, d.h. eine hohe Anzahl von Wahlrechtskombinationen, am ehesten das Auffinden zielentsprechender Strategien auf möglichst vielen Ästen des Zustandsbaumes.

6. Modellanwendungen

Das skizzierte Modell kann für die Unternehmenspraxis vor allem in zweifacher Hinsicht von Nutzen sein. Einmal interessieren die bilanzpolitischen Wirkungen von gesetzlichen Vorschriften im Bereich der betrieblichen Altersversorgung und zum anderen sind Gestaltungen, durch die die bilanzpolitische Anpassungsfähigkeit der Pensionsrückstellungen gesteigert werden können, von Bedeutung.

Mit dem Modell können die Aufwandwirkungen unterschiedlich hoher Inanspruchnahmen der flexiblen Altersgrenze getestet werden. Dabei ist aus gestalterischer Sicht von Interesse, welches Endalter der Rückstellungsbildung zugrunde gelegt werden soll. Auf die unterschiedlichen Wirkungen wurde oben eingegangen. Außerdem lassen sich die Wirkungen von versicherungsmathematischen Abschlägen auf die vorgezogene Rente darstellen. Ebenso wäre es möglich, für die Rückstellungen teils das eine, teils das andere Endalter zu wählen. Die optimale Aufteilung des rechnungsmäßigen Endalters kann dann mit dem Modell gefunden werden. Im übrigen bietet sich hier eine Möglichkeit, die Vermerkpflicht von Fehlbeträgen im Anhang nach neuem Recht zu umgehen, denn wer möglichst niedrige Rückstellungen benötigt, ohne dies öffentlich kundzutun, kann ein hohes vertragliches Endalter wählen. Somit entstehen automatisch Fehlbeträge durch die flexiblen Altersrentner, ohne daß jemand behaupten könnte, die Verpflichtungen seien bei diesem Endalter unterdeckt.

Besonders dürften in der Unternehmenspraxis die bilanzpolitischen Wirkungen der gesetzlich erzwungenen Anpassung laufender Verpflichtungen interessieren, die mit dem Modell dargestellt werden können. Darüber hinaus können die Wirkungen der Heraufsetzung des steuerlichen Rechenzinsfußes von 5,5 % auf 6 % durch das 2. HStruktr.G vom Dezember 1981 gezeigt werden, um nach Gestaltungen zu suchen, den geringeren Aufwand durch höhere bilanzpolitische Flexibilität zu kompensieren. Solche Gestaltungen bieten sich etwa beim Rentenaufbau der Anwärter an, bei denen die Rente außer als Rechengrundlage noch keine andere Bedeutung hat. Zwar hat der Bundesfinanzhof die Vorwegnahme zukünftiger Gehaltssteigerungen in der Rückstellungsbildung, die bei einem Zeitraum von z.B. 30 Jahren zu erheblichen Rückstellungssteigerungen führen können, bereits abgelehnt, jedoch verbleiben noch genügend andere Möglichkeiten. So kann etwa der bilanzpolitische Unterschied von Festrenten zu sogenannten bezüge- oder dienstzeitabhängigen Renten dargestellt werden. Man könnte ebenfalls auf die Idee kommen, die zukünftigen Rentenerhöhungen bei den Anwärtern nicht nach Maßgabe des Dienstalters bereits im Pensionsvertrag festzuschreiben, sondern zunächst nur eine geringe Rente zusagen, um dann nach bilanzpolitischer Opportunität die Rente zu erhöhen, so daß die entstehenden Teilwertsprünge auf das neue Rückstellungsniveau bilanzpolitisch genutzt werden können. Auch ist es mit dem Ziel der Vermehrung von Wahlrechten möglich, die Rente in fünf Jahresabständen für die Anwärter anzupassen, so daß schließlich in jedem Jahr eine Barwerterhöhung von 25 % für bestimmte Altersgruppen eintritt, die jeweils neue drittelungsfähige Einmalrückstellungen nach sich ziehen.

Edzard Reuter

Kapitalbindung durch die betriebliche Altersversorgung*

1. Die Ausgangslage
2. Die betriebswirtschaftliche Bedeutung der betrieblichen Altersversorgung
3. Systemvergleich mit der angelsächsischen Praxis
4. Finanzwirtschaftliche Vorteile der Direktzusage
5. Offene Risiken einer korrekten Vorfinanzierung
6. Ansätze für umfassende Lösungen

Edzard Reuter,
Mitglied des Vorstandes der Daimler-Benz AG, Stuttgart

*Überarbeitete und erweiterte Fassung eines Vortrages im Institut für Kapitalmarktforschung der Universität Frankfurt am 9.12.1982. Erstveröffentlichung in: Der nicht-organisierte Kapitalmarkt, Schriftenreihe des Instituts für Kapitalmarktforschung, hrsg. v. G. Bruns u. K. Häuser, Kolloquien-Beiträge, Bd. 25, Frankfurt a.M. 1983.

1. Die Ausgangslage

Das heute zur Diskussion stehende Thema lag viele Jahre im Dornröschenschlaf. Nur Spezialisten der betrieblichen Finanz- und Sozialpolitik kümmerten sich um die schlummernde Prinzessin. Nun plötzlich sind viele Fragen in aller Munde. Zwei Ereignisse mögen dazu beigetragen haben.

Zum einen hat das Haus, für das ich arbeite, das Finanzierungssystem seiner betrieblichen Altersversorgung im Jahre 1980 mit einem Aufwand umgestellt, der nicht ganz unbeachtet geblieben ist. Nachdem ganz allgemein bei den Unterstützungskassen eine Deckung der Verpflichtungen nach dem Betriebsrentengesetz steuerlich nur noch in sehr begrenztem Umfang möglich ist, wurde ein wesentlicher Teil dieser Verpflichtungen von unserer Unterstützungskasse auf die Unternehmung selbst übernommen. Um die bis dahin entstandene Unterdeckung auszugleichen, haben wir zugleich die Pensionsrückstellungen in der auch für die geschäftlichen Maßstäbe der Daimler-Benz AG ganz ungewöhnlichen Höhe von 1,4 Mrd. DM aufgestockt. Diese Vorsorgemaßnahme hatte eine (vorgezogene) Steuerminderung um rd. 875 Mio. DM zur Folge. Kein Wunder, daß ein solcher Schritt, den andere zwar auch getan hatten, der aber in der Größenordnung singulär war, Aufsehen erregen mußte. Der Anteil der Pensionsrückstellungen an der Bilanzsumme erhöhte sich in der Folge von 12,5 % auf fast 20 %. Zusammen mit dem Vermögen der Unterstützungskasse von rd. 2,3 Mrd. DM beläuft sich inzwischen unser für die Altersversorgung der Belegschaft zur Verfügung stehendes Kapital auf 5,4 Mrd. DM.

Da sich das Zusage- und Versorgungsniveau bei uns sicherlich nicht wesentlich von anderen Unternehmungen unterscheidet, wird an diesem Vorsorgeumfang eines Hauses, das auch bei seinen handelsbilanziellen Maßnahmen betriebswirtschaftliche Strenge üben kann, deutlich, daß der allgemeine Umfang der inzwischen entstandenen Pensionslasten wohl nicht anders als riesig vermutet werden muß. Das zeigt auch der zweite auslösende Vorgang, der Vergleichsantrag der AEG. Hier mag ein einziger Hinweis genügen: gegenüber 1981 erhöhen sich die von den Mitgliedern zu zahlenden Prämien an den Pensionssicherungsverein auf annähernd das Dreieinhalbfache, was für die Daimler-Benz AG 1982 einen Betrag von rd. 33 Mio. DM bedeutet. Ohne die einige Zeit zuvor durch Betriebsvereinbarung bei der AEG massiv reduzierten Pensionszusagen wäre diese Belastung noch wesentlich höher ausgefallen.

Die naheliegende Frage, ob beide genannten Beispiele und die an ihnen erkennbaren Größenordnungen nicht zeigen, daß wir uns vielleicht sozialpolitisch "übernommen" haben könnten, verdient ernsthafte Klärung.

Das sollte schon im Blick auf die Überführung der 4. EG-Richtlinie in deutsches Recht unumstritten sein, die den obligatorischen Ausweis unterdeckter Pensionszusagen im Anhang der Bilanz zum Ziel hat. Es könnte sich nämlich dann zeigen, daß die Reform des Gesetzes über die betriebliche Altersversorgung von 1974 zwar verständliche sozialpolitische Begehren zur Norm gemacht hat, aber eine betriebswirtschaftlich solide Grundlage nicht mitgeliefert hat, die den Versorgungsformen - insbesondere den Unterstützungskassen - ein dauerhaft stabiles Fundament hätten geben können.

Diese Entwicklung wurde durch eine umfangreiche vorgesetzliche Rechtsprechung gefördert und durch eine zum Teil rechtsfortbildende Spruchpraxis des Bundesarbeitsgerichtes noch verstärkt. Die Unverfallbarkeit, die Dynamisierung und der Entgeltcharakter von Ruhegeld, die Durchgriffshaftung auf die Trägerunternehmung bei Unterstützungskassen und die Insolvenzsicherung: das sind die wichtigsten Stichworte, mit denen die zusätzliche Kostenbelastung der Unternehmungen zu umreißen ist. Alles zusammen hat einen Mangel an Gesamtschau geschaffen, der nun in den ohnehin vor uns liegenden schweren Jahren nachgeholt werden muß.

Denn wer sich - wie ich - voll zum Grundgedanken der betrieblichen Altersversorgung bekennt, darf der Frage nach den Grenzen der Belastbarkeit nicht ausweichen. Wer fürchtet, das Ergebnis einer derartigen Prüfung, die in der jeweiligen Unternehmung stattzufinden hätte, könnte ungemütlich werden, sollte sich um so mehr vor einer Diskussionsverweigerung hüten. Was nicht - oder nicht mehr - in den Rahmen der Leistungsfähigkeit einer Unternehmung paßt, muß erkennbar gemacht werden. Erst dann kann über die zweckmäßigste Abhilfe ernsthaft gesprochen werden. Alles andere ist mit Risiken verbunden, die schneller als gedacht einen gefährlichen Zorn auf das System überhaupt erzeugen könnten.

Nüchternheit anstatt Zorn empfiehlt sich jedenfalls im Blick auf den erwähnten, bisher größten Katastrophenfall, den der Pensionssicherungsverein zu übernehmen hat. Die Sicherheitskonstruktion hat funktioniert. Das muß man auch denjenigen entgegenhalten, die meinen, hier würden mittelständische Unternehmungen in ungebührlicher Weise zur Sanierung einer Großunternehmung beansprucht. Tatsache ist, daß rd. 80 % aller Sicherungsfälle Mittelstandsgröße haben. Der Pensionssicherungsverein stellt im übrigen die unverzichtbare Ergänzung zum Passivierungswahlrecht und zur Freiheit der Leistungsplangestaltung dar. So gesehen, ist er der Preis für das freiheitliche System der betrieblichen Altersversorgung.

Ganz abgesehen davon: wer aus akutem Zorn nach entscheidenden Änderungen ruft, sollte bedenken, welche Wunschlisten dann noch auf die Tagesordnung kommen würden. Wäre es ganz undenkbar, daß dann entgegen den Belangen der Wirtschaft weitere Belastungen, etwa eine obligatorische Versorgungspflicht zugunsten aller Beschäftigten, für manchen Politiker, von dem man dies heute nicht glaubt, verführerisch sein könnte, wenn er sich davon Entlastungen an der Sozialversicherungsfront erhofft?

Nüchternheit anstelle von Zorn gebieten aber auch jene relativ simplen Vermutungen, die sehr dafür sprechen, daß eine Reihe Unternehmungen kaum in der Lage sein dürfte, die zur vollen Deckung der Altersversorgungslasten erforderlichen Rückstellungszuweisungen schnell nachzuholen. Bei einigen haben die Pensionsrückstellungen schon jetzt die Höhe der Rücklagen erreicht und überschritten, ohne daß sämtlichen Risiken der Altersversorgung Rechnung getragen sein dürfte. Sich weiter kumulierende Fehlbeträge - im Einzelfall bis über die Milliardengrenze - dürften nicht auszuschließen sein.

Meine Frage lautet nun nicht etwa, jedenfalls nicht in erster Linie, wie sich eine Beteiligung des Fiskus an der Sicherung der betrieblichen Altersversorgung erreichen ließe. Ebenso sollte unsere Frage auch nur im Notfall darauf hinzielen, wie man die Zukunftslasten durch Herabsetzung oder Ausdünnung der betrieblichen Altersversorgung auf ein noch beherrschbares Maß zurückschrauben kann. Nein: ich meine, daß wir schon etwas weiter greifen und danach fragen müssen, wie sich die notwendigen Schritte zur Konsolidierung der betrieblichen Altersversorgung in ein umfassendes Konzept einfügen könnten, das möglichst viele Interessen in sich vereinigt.

Hinter dem hier zu behandelnden Thema verbirgt sich also aus meiner Sicht eine bedeutende Herausforderung an Wirtschaft und Politik. Sie ist auf den ersten Blick nicht ohne weiteres erkennbar und gibt um so mehr Anlaß zur Entschuldigung, als ich nicht mehr als einige unvollständige und oberflächliche Überlegungen vorstellen kann.

2. Die betriebswirtschaftliche Bedeutung der betrieblichen Altersversorgung

Dieser Mangel hängt freilich auch mit unzureichenden statistischen Unterlagen zusammen. Sie wiederum gehen letztlich auf das Passivierungswahlrecht zurück, bei dem vor allem die Betriebsprüfer von einer institutionalisierten Lüge sprechen, von einer "staatlich verordneten" und gerichtlich sanktionierten "Bilanzfälschung", die sogar zu einer "Ausschüttung von Substanz"[1] führen kann.

Zunächst zur rein betriebswirtschaftlichen Sicht der betrieblichen Altersversorgung. Es dürfte klar sein, daß insofern der Kapitalbindung innerhalb der Unternehmung angesichts der mittlerweile chronischen Unterversorgung mit Risiko tragendem Eigenkapital höchster Rang zukommen muß - nicht zuletzt, wenn die vielen Auguren richtig liegen, die den Industrieländern eine längerfristige Stagnation vorhersagen. Ich persönlich denke übrigens in der Tat, daß es leichtfertig wäre, nur auf die (sicherlich auch vorhandenen) konjunkturellen Ursachen verminderten Wachstums zu schauen und in prozeß- und zyklentheoretischer Naivität - man könnte auch sagen: in saldenmechanischem Aberglauben - die Wiederkehr der drei erinnerungsgoldenen Wachstumsdekaden nach dem 2. Weltkrieg vorauszusetzen. Nein, wir leben in einer Ära tiefgreifender, langwieriger Anpassungsaufgaben mit beträchtlichen, auch depressiven Risiken, und niemand kann sagen, wann die Ufer eines breiten Wachstumsstroms wieder erreicht sein werden.

Wenn man dieser Einschätzung in seinen Handlungen Niederschlag geben will, so bedeutet das freilich nicht, man müßte zugleich auf Wachstumschancen verzichten. Im Gegenteil: der vorsichtige und vorsorgende Kaufmann - und warum nicht ebenfalls der verantwortungsbewußte Politiker? -

1 Frankfurter Allgemeine Zeitung v. 21.9.1981.

können nur neue Wachstumschancen wahrnehmen, wenn sie für schwierige Zeiten ein von Wachstum unabhängiges Fundament geschaffen haben. Und dieses Fundament kann nur Eigenkapital heißen, zumindest aber die Verfügbarkeit langfristiger Mittel zu feststehenden Konditionen. Finanzierungen, die allzu einseitig vom Leverage-Effekt abhängen, oder nach dem Grundsatz "aus kurz mach lang" erfolgen, sind ausgesprochene Schönwettermethoden. Beide können ohne gesichertes Wachstum ebenso tödlich sein wie eine Unternehmungsstrategie, die Umsatz vor Ertrag stellt.

Deshalb müssen wir ganz allgemein, besonders aber hinsichtlich der Altersversorgung unserer Bevölkerung, prüfen, ob in unseren gängigen Verfahren Gleichgewichtsbedingungen eingebaut sind, die ohne Wachstum nicht erfüllt werden können. Was solche Risiken, sollte es sie geben, zum Einsturz bringen können, zeigen einige Zahlen.

Ende 1976[2] hatten 65 % der Arbeitnehmer und 36 % der privatwirtschaftlichen Unternehmungen eine betriebliche Altersversorgung. Damit waren 6,8 Mio. Arbeitnehmer in rund 42.000 Unternehmungen zusatzversorgt[3]. Nach einer, repräsentative Geltung beanspruchenden Umfrage hat sich seitdem der Verbreitungsgrad bei Unternehmungen und Beschäftigten weiter erhöht, allerdings mit verlangsamtem Tempo. Mitte 1981 hatten in der Industrie 67 % und im Handel 29 % der Unternehmungen eine betriebliche Altersversorgung, durch die 70 % der in der Industrie und 21 % der im Handel Beschäftigten erfaßt wurden[4].

1980 flossen aus der gesetzlichen Rentenversicherung der Arbeiter, Angestellten und der Knappschaft 103,4 Mrd. DM für Alters- und Hinterbliebenenversorgung[5]. Die Betriebsrenten beliefen sich statistisch auf 6,83 Mrd.DM,

---

2 Neuere Angaben der amtlichen Statistik existieren nicht.

3 S. Bericht der Bundesregierung über die Erfahrungen bei der Durchführung des Gesetzes zur Verbesserung der betrieblichen Altersversorgung. Drucksache des Deutschen Bundestages 8/2377 v. 11.12.1978, S. 8 f.

4 IFO: Auswirkungen des Anpassungsurteils des Bundesarbeitsgerichtes vom 15. September 1977 auf die Entwicklung der betrieblichen Altersversorgung. Ergebnisse und Analyse einer im Juni/Juli 1981 durchgeführten Befragung in Industrie und Handel (bearb. v. Wolfgang Ruppert). München, Okt. 1981, S. 20 u. 23.

5 Sozialbudget 1980, Drucksache des Deutschen Bundestages 8/4327, Materialband, Tabelle M II-2-80, S. 50 f.

wobei aber die Relation sofort zurechtgerückt wird, wenn man bedenkt, daß der Kreis der Betriebsrentenempfänger gegenüber den Beziehern gesetzlicher Renten natürlich wesentlich kleiner ist. Damit wird klar, welche Bedeutung der betrieblichen Zusatzversorgung für die Begünstigten zukommt. Um mit Heubeck zu sprechen, der dies natürlich für alle Versorgungswerke von Arbeitgebern, einschließlich des öffentlichen Dienstes, meint: "Heute ist der Arbeitnehmer ohne betriebliche Altersversorgung die vielbedauerte Ausnahme"[6].

Mit zunehmender Unternehmungsgröße steigt die Häufigkeit betrieblicher Altersversorgungssysteme (s. Tabelle 1) im allgemeinen und zugleich die Bevorzugung von direkten Ruhegeldzusagen oder von Unterstützungskassen (s. Tabelle 2). Allerdings dürften bei Unterstützungskassen die arbeitsrechtliche Verfestigung der Zusage und die steuerlich unzureichenden Dotierungsmöglichkeiten Gewicht und Verbreitung dieses Finanzierungsmodells trotz seiner besonderen Flexibilität zurückgedrängt haben (s. Tabelle 3). Bei Kleinbetrieben bis 49 Beschäftigte ist im übrigen die Direktversicherung die häufigste Form der betrieblichen Altersversorgung.

Insgesamt nennt die Literatur für die betriebliche Altersversorgung im Jahr 1981 ein angesammeltes Kapital von 170 bis 200 Mrd. DM[7]. Die Pensions- und Sterbekassen haben dabei über 35,4 Mrd. DM (s. Tabelle 4) verfügt, während auf das Konto von Pensionsrückstellungen und der etwa 5200 Unterstützungskassen[8] ein Kapital von schätzungsweise über 150 Mrd. DM gehen soll[9]. Die letztgenannten Mittel sind diejenigen, die direkt im Finanzierungsstrom der Unternehmungen verbleiben oder dafür zur Verfügung stehen. Zugleich ist anzumerken, daß die hier besonders interessierenden Pensionsrückstellungen im Vergleich mit dem Anstieg des Bruttosozialproduktes weit überproportional gewachsen sind, besonders stark in den Jahren 1976 bis 1980 infolge verstärkten Abgehens von der Versorgung durch Unterstützungskassen und wegen des Teilwertsprungs (s. Tabelle 5).

---

6 Georg Heubeck: Die ABA und die betriebliche Altersversorgung, in: Betriebliche Altersversorgung im Umbruch. (Hrsg. Ernst Heissmann). Berlin 1980, S. 30.

7 Wirtschaftswoche v. 22.1.1982.

8 "manager magazin" 2/1982, S. 73 ff.

9 S. Fn. 6 und Tabelle 3.

Aber nicht nur die Auszahlungen und die Kapitalansammlung haben solche gesamtökonomisch durchaus bemerkenswerten Größenordnungen erreicht, sondern auch das Ausmaß der laufenden Gesamtaufwendungen der Unternehmungen für die Altersvorsorge. Gerechnet wird für 1980 mit einem Betrag von insgesamt 13 Mrd. DM allein für die Dotierung des Vorsorgekapitals (vgl. Tabellen 3 und 7). Zusammen mit den Zahlungen für laufende Leistungen (vgl. Tabelle 6) ergeben sich daraus jährliche Gesamtaufwendungen der Unternehmungen für die betriebliche Altersversorgung in Höhe von derzeitig rd. 20 Mrd. DM[10].

Eindrucksvoller kann der sozialpolitische Rang der betrieblichen Altersversorgung in der Bundesrepublik kaum zum Ausdruck kommen - aber auch die Last, die sie für die Unternehmungen bedeutet. Umgekehrt müssen wir ihre Bedeutung für die Finanzierung im Auge behalten. Eine Analyse von 1.683 Firmen durch die Industriekreditbank zeigt, daß 1979 immerhin 10,4 % der Bilanzsumme auf Pensionsrückstellungen und Darlehen von Unterstützungskassen entfielen. Bei großen Unternehmungen lag der Anteil sogar bei 15 %[11] (s. Tabelle 8). Die sicherlich nicht untypische Dynamik der Entwicklung zeigt in besonderer Weise die Bilanzstruktur der Daimler-Benz AG. Der Anteil der Pensionsrückstellungen stieg von 2 % im Jahre 1965 auf die schon erwähnten 19,4 % der Bilanzsumme im Jahre 1980 (s. Tabelle 9). Allein die Pensionsrückstellungen machten in diesem Jahr 69 % der Summe aus Grundkapital und Rücklagen (ohne Sonderposten mit Rücklageanteil) aus. Tendenziell ähnliche Relationen finden sich bei zahlreichen großen Publikumsgesellschaften (s. Tabelle 10).

Mit dem Vorbehalt, daß der Teil hier nicht das Ganze repräsentiert, sei immerhin erwähnt, daß die deutschen Aktiengesellschaften Ende 1977 bei einem Grundkapital von 96 Mrd. DM Pensionsrückstellungen von 43 Mrd. DM

---

10 Peter Ahrend: Betriebsrenten vor einer neuen und ernsten Bewährungsprobe. Bonn greift nun auch in die steuerlichen Vorschriften ein (Frankfurter Allgemeine Zeitung v. 23.11.81); s. auch: ders., Quantitative und qualitative Merkmale der betrieblichen Altersversorgung in der Bundesrepublik - Eine Analyse statistischer Erhebungen, in: Betriebliche Altersversorgung im Umbruch, a.a.O., S. 57.

11 Industriekreditbank, Mitteilungen der Volkswirtschaftlichen Abteilung, Jahresmitte 1981, S. 13 und 16.

ausgewiesen haben[12]. Die Direktzusage ist also längst eine kräftige Quelle der Innenfinanzierung (s. Tabelle 3). Den anderen Schwerpunkt bilden die Darlehen der betrieblichen Versorgungseinrichtung an das Mutterhaus. Soweit sie aus Unterstützungskassen stammen, mag man darin einen nicht zu verachtenden indirekten Weg zur "Innenfinanzierung" sehen. Pensionskassen dagegen liegen eindeutig jenseits dieser Grenze. Sie unterliegen der Versicherungsaufsicht und dürfen höchstens ein Drittel ihres Vermögens in der Trägerunternehmung anlegen.

3. Systemvergleich mit der angelsächsischen Praxis

Angesichts dieser Daten darf man allerdings nicht übersehen, daß manche die Bindung der für die Altersversorgung erwirtschafteten Mittel in der Trägerunternehmung für einen eklatanten Systemfehler halten. Dies gilt vor allem für angelsächsische Betrachter. Ihnen scheint als kleines Einmaleins der betriebswirtschaftlichen Imperative unwiderlegbar, daß man den Prozeß der betrieblichen Leistungserstellung nicht mit den völlig andersartigen Aufgaben der Rentenkasse vermischen darf. Anders gesagt: man dürfe die Entscheidung über Erträge und Gewinne nicht einem selbstherrlichen und betriebsegoistischen Management überlassen, das seine Fehler und Versäumnisse auf diese Weise unter einem Schleier der Innenfinanzierung verbergen könne.

Die wirklichen Puristen - warum sollte es sie nicht auch anderswo geben? - gehen so weit zu meinen, die unmittelbare unternehmungsinterne Verfügbarkeit von Mitteln der Altersversorgung bedeute nichts anderes, als die heimliche Subventionierung von möglicherweise überlebten Strukturen zuzulassen. Externe Ansammlung des Rentenkapitals erscheint in dieser Betrachtungsweise als unverzichtbares Kennzeichen einer Unternehmung, die sich selbstbewußt zutraut, ohne Tricks im Wettbewerb bestehen zu können. In diesem Sinne argumentiert etwa Peter F. Drucker, der in der ihm eigenen

12 Ottokar Breycha: Aktuelle Bilanzierungsfragen zur betrieblichen Altersversorgung aus der Sicht des Wirtschaftsprüfers, in: Betriebliche Altersversorgung im Umbruch, a.a.O., S. 427.

Mischung von treffsicherer Pointierung und trickreicher Übertreibung das amerikanische System auch noch für eine konstruktive Überwindung des Sozialismus durch seine Verwirklichung erklärt, weil die Arbeitnehmer durch die in ausgegliederten Fonds angesammelten Mittel zu den eigentlichen Besitzern der Wirtschaft gemacht würden[13].

Aber bleiben wir beim Kerngedanken. Er lautet, Unternehmungen mit guter Bonität könnten auf einen jederzeit lebhaft sprudelnden Quell von externer Eigenkapitalbeschaffung oder zumindest doch auf Fremdfinanzierung zurückgreifen, nur schlechte Adressen seien also auf diese merkwürdigen Surrogate der Deutschen angewiesen.

Haben nun vor allem unsere amerikanischen Freunde recht, wenn sie als einziges Modell die pension funds gestatten und nicht diesen bunten Flickenteppich von höchst unterschiedlichen Methoden, den die Deutschen mit dem Argument verteidigen, eine möglichst flexible Auswahl und Kombination der Verfahren nach den jeweils spezifischen Gegebenheiten der Unternehmungen sei vorzuziehen? Der Zweifel beginnt beim Blick auf die Zahlen.

Von 1949 bis 1974 hatte sich das Vermögen der pension funds in den USA alle 5 Jahre verdoppelt[14], so daß sie Ende 1974 ein Aktienvermögen von 140 bis 150 Mrd. Dollar, damals etwa 30 Prozent des börsennotierten Aktienkapitals, hielten[15]. Wenn ein annähernder Beharrungszustand, also ein Gleichgewicht zwischen Einzahlungen und Auszahlungen erreicht ist, dürfte ein noch größerer Teil des Aktienkapitals in den pension funds gebunden sein[16]. Für das Jahr 2000 sagt Drucker gar einen Anteil von 60 Prozent voraus[17].

Wie so häufig steckt selbst in Gottes eigenem Land der Teufel nicht in der Theorie, sondern nur in der Wirklichkeit. Für seine Umtriebe mag vielleicht schon sprechen, daß die Mittel der pension funds häufig in der Auffassung

---

13 Peter F. Drucker: Die unsichtbare Revolution. Die Mitarbeiter-Gesellschaft und ihre Probleme. Düsseldorf und Wien, 1977.

14 Drucker, a.a.O., S. 37.

15 Drucker, a.a.O., S. 34.

16 In Großbritannien werden über 50 % der börsennotierten Aktien von diesen Kapitalsammelstellen gehalten.

17 Drucker, a.a.O., S. 57.

angelegt werden, man könne die Börsenkurse der nächsten Monate erraten: eine fürwahr wertsichernde Philosophie im Umgang mit Altersversorgungskapital. Nicht zuletzt der Erfolgszwang, dem die Fonds-Manager unterliegen, erzeugt jenen Herdentrieb, der zu prozyklischem Anlageverhalten führt und die Bewegungen der Börse noch verstärkt, auch nach unten. Und ist man durch seine verbrannten Finger klüger geworden, wächst die Sympathie für Diversifizierung, seit 1977 auch im Ausland[18] und vermutlich auch in deutsche blue chips, also genau jene alten, angeblich verknöcherten Saurier, die, so darf man schließen, nur die Deutschen mit ihrem System der steuerlichen Zwangssubventionen vor Wind und Wetter schützen, während sich nirgendwo sonst auf der Welt ordnungspolitisch zweifelhaftes Gesindel auf dem Markt herumtreibt.

Das Fonds-Management ist in zahlreichen Fällen den Treuhandabteilungen großer Banken übertragen. Da mögen Insider-Regeln noch so ernsthaft befolgt werden - jeder böse Schein eines Interessenkonfliktes wird sich bei den zu lenkenden Volumenanteilen dennoch nicht vermeiden lassen.

Peter Drucker, indirekt ein vehementer Kritiker des deutschen Systems, schildert zahlreiche weitere Probleme der amerikanischen Praxis - etwa, was für Abenteuer die Hereinnahme von staatlichen Schuldtiteln bescheren kann. Die schwere Finanzkrise der Stadt New York 1975, nicht zuletzt durch viel zu großzügige, aber eben wählerwirksame Pensionszusagen für den öffentlichen Dienst entstanden, war von der Peinlichkeit begleitet, daß sich die Stadt aus diesen Pensions-Fonds refinanzierte und dann ihren Verbindlichkeiten nicht nachkommen konnte[19]. Ist nach dieser Erfahrung die Vermutung abwegig, in den vor uns liegenden schweren Jahren könnte die Neigung wachsen, extern angesammeltes Vorsorgekapital politischen Zwecken dienstbar zu machen? So etwas kann scheinbar harmlos beginnen, beispielsweise durch die Absenkung des Vorsorgungsniveaus in der gesetzlichen Rentenversicherung, wie das bei uns in den letzten Jahren geschehen ist.

---

18 S. Diane Hal Gropper: U.S. pension funds get aggressive abroad. International diversification isn't enough. American funds want fat returns as well, in: Institutional Investor, Apr. 1982, S. 229 ff.

19 Drucker, a.a.O., S. 121 f.

Trotz dieser praktischen Probleme scheint mir die amerikanische Grundkonstruktion für dortige Verhältnisse konsequent. Solange es keine Insolvenzsicherung gibt wie bei uns, ist die externe Ansammlung von Versorgungskapital einfach weniger riskant. Aber bei uns sind die Voraussetzungen eben andere, und deswegen sehe ich keinen Anlaß, um puristischer Theorien willen bewährte Systeme über Bord zu werfen.

Ich will aber noch von einer anderen Seite her beleuchten, was aus meiner Sicht gegen eine Amerikanisierung unserer betrieblichen Altersversorgung spricht.

Aufgrund der Entwicklung in den USA könnte man zunächst glauben, eine entsprechende Systemänderung bei uns würde auch die deutschen Unternehmungen für die Finanzierung ihrer Investitionen auf den Weg führen, in weit stärkerem Ausmaß als bisher auf Risikokapital zurückzugreifen, das über die Börse beschafft wird. Die Aktie als Finanzierungsinstrument privatwirtschaftlich induzierter Investitionen könnte, so der Gedankengang, auf diesem Wege eine Renaissance erleben, weil dieser erzwungenen Nachfrage nach Eigenkapital ein ebensolches Angebot in Form neu entstandener Pensionsfonds gegenüberstände. Scheinbar ein Königsweg, frei von staatlichen Maßnahmen zur Förderung der Aktie, die seit langem in vielfältigen Varianten vorgeschlagen werden, obwohl wir doch bei einigem Realismus wissen dürften, daß für sie keine politischen Mehrheiten sichtbar sind, solange fiskalische Hilfe dafür Voraussetzung wäre.

Trotz dieses ebenso schönen wie gaukelhaften Bildes bin ich sicher, daß bei uns die Unternehmungen eine zusätzliche langfristige Kreditaufnahme bevorzugen würden. Denn Eigenfinanzierung ist in Deutschland - wie bekannt - nicht nur erheblich teurer als die bisher praktizierte Finanzierung über Pensionsrückstellungen, sondern auch wesentlich teurer als Kreditfinanzierung[20]. Was bisher als Pensionsrückstellung mit einem - nicht liquiditätswirksamen - Zinssatz von 6 % zur Verfügung stand, unterläge dann steuerlichen Lasten, müßte mit Dividende bedient werden und wäre bereits bei der

---

20 Dieter Schneider: Finanzierungs-, Bilanz- und Ausschüttungspolitik der Kapitalgesellschaft unter der Herrschaft des KStG 1977, in: Betriebswirtschaftliche Auswirkungen der Steuerreform, Bericht von der 2. Kölner BFuP-Tagung am 18. und 19. Juli 1977 in Köln. GEBERA-Schriften, Band 2.

Beschaffung mit erheblichen Emissionskosten verbunden. Es blieben mithin doch jene illusorischen Begehren an den Fiskus erforderlich, um den Weg zur Aktie auf breiter Front gangbar zu machen.

Gegen derartige Systemänderungen spricht im übrigen auch, daß sich unser Kapitalmarkt von dem der USA an einem Kernpunkt unterscheidet: der deutsche Aktienmarkt wäre mit Sicherheit nicht genügend aufnahmefähig, um die hier zur Debatte stehenden Kapitalien zu verkraften. Am Jahresende 1981 betrug das Grundkapital der 456 börsennotierten Aktiengesellschaften insgesamt 47 Mrd. DM und hatte einen Kurswert von 141 Mrd. DM.[21] Die Unterbringung von 170 bis 200 Mrd. DM aus dem Altersversorgungskapital würde also einen deftigen Anlagenotstand auslösen. Aber auch dem jährlich neu zufließenden Vorsorgekapital in Höhe von 13 Mrd. DM im Jahre 1980 standen nur rund 4 Mrd. DM gegenüber, die börsennotierte Gesellschaften im gleichen Jahr durch Aktienemissionen hereinholten[22].

Unabhängig vom Vergleich mit den Erfahrungen und Gegebenheiten in den USA wird an der deutschen Methode kritisiert, sie verführe zu der Illusion, im Grunde handele es sich bei dem in der Unternehmung gebundenen Altersversorgungsvermögen nicht mehr um fremde, sondern um dem Eigenkapital eigentlich gleich zu setzende Mittel. Zu dieser gefährlichen Täuschung, die auch durch den umstrittenen Aussagewert der DVFA-Gewinnformel suggeriert wird, kann allerdings nur gelangen, wer der Argumentation erläge, das Vorfinanzierungskapital stehe unbegrenzt revolvierend zur Verfügung und seit der Einrichtung der Insolvenzsicherung handele es sich letztlich nur noch um Verbindlichkeiten, die im unwahrscheinlichen Fall einer Betriebsauflösung auszuzahlen sind.

Natürlich ist das nicht der Fall, und ich muß solcher Argumentation auch deutlich entgegenhalten, daß ich bei niemandem Wechselreiterei zu Lasten des Pensionssicherungsvereins als Leitbild der Unternehmungsfinanzierung erkennen kann. Vor Leichtfertigkeit wird man schon durch das Wissen abge-

---

21 Statistische Beihefte zu den Monatsberichten der Deutschen Bundesbank, Reihe 2, Wertpapierstatistik. Nov. 1982, S. 15.

22 Statistische Beihefte ..., a.a.O., S. 14. Außerdem: der Kurswert lag mit 230 % über dem Nominalwert der Emissionen in Höhe von 1,7 Mrd. DM. Zum Vergleich: Nominalwert aller Aktienemissionen 3,7 Mrd. DM, Kurswert 7 Mrd. DM (188 %).

halten, daß spätestens mit Beginn des Versorgungsfalles Auszahlungen unausweichlich sind. Jedes Handelsregister beweist im übrigen die begrenzte Lebensdauer von Unternehmungen, so daß allein deshalb schon die Unterscheidung von mein und dein unüberwindlich sein sollte.

Die Pflicht zur vorsorglichen Sicherung der jederzeitigen Zahlungsbereitschaft schließt mithin die aufwands- und periodengerechte Vorfinanzierung von Pensionszusagen ein. Sie können gar nicht anders denn als erfolgsmindernder Aufwand, die zu bildenden Rückstellungen als Fremdkapital, verstanden werden. Das schließt nicht aus, daß - weil die Liquidität erst später abfließt - eine solche Kapitalbindung wachstumspolitischen Charme hat. Solange der "Bodensatz" dauerhaft zur Verfügung stehenden Vorsorgekapitals aufgebaut wird, ein Gleichgewicht zwischen Zuführungen und Auszahlungen also noch nicht erreicht ist, kann diese Finanzierung den teureren Weg zu Banken und - wenigstens in gewissem Umfang - zu Aktionären ersetzen.

In diesem Zusammenhang wird vielfach für das deutsche Modell ins Feld geführt, die unbefriedigende Kapitalausstattung unserer deutschen Unternehmungen mit haftendem Eigenkapital mache die interne Bindung unverzichtbar. Diesem Argument möchte ich schon deshalb allenfalls mit gewissen Vorbehalten folgen, weil an ihm ein Rattenschwanz von teilweise fragwürdigen Schlußfolgerungen über unsere internationale Wettbewerbsfähigkeit und notwendige Remeduren hängt. Immerhin kann man beispielsweise aus den Andeutungen einiger deutscher Unternehmungen entnehmen, daß das Eigenkapital deutscher Adressen durchaus amerikanische Dimensionen hätte, wenn wir nach den Maßstäben der SEC bilanzierten. Abgesehen vom Thema der in vielen deutschen Bilanzen - Gott sei Dank! - vorhandenen stillen Reserven beweist dies allerdings auch nicht viel mehr, als daß wir auf die gegenüber Aktienkapital billigeren langfristigen Rückstellungen angewiesen bleiben, wenn wir uns "warm genug anziehen wollen".

Ich meine, daß schon diese wenigen Hinweise ausreichen, um die reinen Töne der Betriebswirtschaft vor Verwechslungen mit den Realitäten zu bewahren. Die pragmatischen Probleme sind anderswo nicht geringer als hierzulande. Schwierigkeiten gibt es ganz unabhängig davon, wie man schließlich den Prinzipienstreit über die richtige oder falsche Organisation des Altersversorgungskapitals löst. Entscheidend ist in erster Linie die Gewährleistung bewährter kaufmännischer Vorsorge-, Sorgfalts- und Vorsichtsgrundsätze, wobei im Falle der Bundesrepublik betriebliche Sozialpolitik und Kapitalbindung nicht in Konflikt geraten dürfen. Die Eigentümlichkeiten im bilanziellen Ausweis des Eigenkapitals sprechen nicht gegen die Systemkonsequenz des deutschen Sonderweges, was bei näherer Betrachtung aus einer Vielzahl von Gründen offenkundig wird. Einige will ich skizzieren.

4. Finanzwirtschaftliche Vorteile der Direktzusage

Gemeinhin wird man an erster Stelle zugunsten der Kapitalbindung über Pensionsrückstellungen die steuerliche Ungleichbehandlung der verschiedenen Modelle der betrieblichen Altersversorgung nennen. Dieses Argument ist zweifellos nicht gering zu achten.

Soweit nicht spezifische Gegebenheiten für die Unterstützungskasse sprechen, etwa kaufhaustypische Belegschaftsstrukturen (also ein hoher Anteil jüngerer Frauen, denen zwar eine unverfallbare Anwartschaft zuwächst, die aber überwiegend nur bis zum ersten Kind berufstätig bleiben), ist die Unterstützungskasse gegenüber der Direktzusage eindeutig das teurere Instrument. Aus diesem überwiegend steuerlich bedingten Grund hat sie ihren betriebswirtschaftlichen Reiz auch weitgehend eingebüßt. Das rückläufige Gewicht der Unterstützungskassen und der starke Aufschwung der Pensionsrückstellungen im Gefolge des Betriebsrentengesetzes von 1974 - zwischen 1973 und 1980 stiegen sie von 42 auf 120 Mrd. DM (s. Tabelle 5) - spiegelt diesen Sachverhalt wider.

Die Ursache für die stärkere Entwicklung von Pensionsrückstellungen ist insbesondere in den steuerlichen Bestimmungen des Betriebsrentengesetzes zu suchen, welche die Möglichkeiten einer steuerfreien Deckungskapitalbildung bei den Direktzusagen verbessert und bei den Unterstützungskassen verschlechtert haben. Die steuerlichen Verbesserungen bei der Direktzusage ergeben sich insbesondere aus dem Übergang vom Gegenwartswert auf den höheren Teilwert sowie aus der Lockerung des Nachholverbots. Hiermit wurden betriebswirtschaftliche, versicherungsmathematische und bilanzrechtliche Forderungen teilweise erfüllt und gleichzeitig die arbeitsrechtlichen Maßnahmen steuerlich unterstützt. Bei den Unterstützungskassen wurde dagegen die Anwartschaftsfinanzierung auf ein kleineres Reservepolster beschränkt, obwohl diese Versorgungsform durch die arbeitsrechtlichen Entwicklungen gleichermaßen belastet wurde.

Zweitens möchte ich denjenigen widersprechen, die gegen die Innenfinanzierung aus Pensionsrückstellungen die Sorge vor einer "Überliquidität" in der Unternehmung setzen. Natürlich kann sich aus der Bildung von Pensionsrückstellungen ein "Vorrat" an Liquidität ableiten, der akut nicht nötig erscheint, wenn man nur Bilanzkennzahlen zum Maßstab macht. Aber gerade in einer Wirtschaftslandschaft, wie wir sie noch sehr lange haben könnten, ist dieser Effekt in jeder Hinsicht vorteilhaft: betriebswirtschaftlich, weil bei einer zeitweisen Renditeschwäche die Umgehung erratischer Kapitalmarktzinsen hochwillkommen sein muß; strategisch, weil bei längerfristig eingeschränkten Wachstumsspielräumen mehr als in besseren Zeiten Liquidität verfügbar sein sollte, um Chancen schnell zu realisieren, zumal bei härter werdendem internationalen Wettbewerb; volkswirtschaftlich, weil in der Vergangenheit manche Konjunkturimpulse teilweise dadurch versickert sind, daß sie von den Unternehmungen zunächst dazu genutzt wurden, ihre Liquidität zu verbessern; aber schließlich auch, weil eine solide Bilanz- und Ertragsstruktur der Illusion, man könne heute die erforderlichen Beschäftigungsimpulse in größerem Umfang durch nationale keynesianische ad-hoc-Kuren freisetzen, einen Teil ihrer Grundlage entzieht.

Gegen diese Auffassung wird bekanntlich eingewandt, die "Liquiditätsvorliebe" der Unternehmungen entziehe dem volkswirtschaftlichen Kreislauf gerade in konjunkturell schwierigen Zeiten Kapital. Das trifft jedoch nur zu, wenn die Kommunikation zwischen dem Geld- und Kapitalmarkt gestört ist, also etwa durch eine inverse Zinsstruktur der Fluß von mittelfristig nicht benötigten Mitteln in eine fristenadäquate Anlageform unrentierlich ist. Soweit solche Sperren politischer Absicht entspringen, etwa der Geldpolitik, kann mit betriebswirtschaftlichen Instrumenten dagegen nicht angegangen werden (was in der Regel auch nicht wünschenswert sein dürfte). Alles in allem kann jedenfalls Innenfinanzierung unabhängig von kreislauftheoretischen Befürchtungen mit rein betriebswirtschaftlichen Gründen verteidigt werden.

Ein anderer Gesichtspunkt, der in diesem Zusammenhang öfter ins Feld geführt wird, ist die Behauptung, Liquidität wirke gleichsam automatisch wie ein Aufputschmittel auf die Investitionsbereitschaft. Diesem Argument kann ich nicht folgen. Denn tatsächlich werden liquide Mittel den Unternehmer nicht von der Analyse von Marktpotential und Nachfrage abhalten. Soweit Wettbewerb herrscht, ergeben sich aus dieser Analyse und nur aus ihr die Signale für Untätigkeit, Abwarten oder Handeln. Sie zu mißachten, nur weil die Anlage der aus der Innenfinanzierung fließenden "überschüssigen" liquiden Mittel (in Wirklichkeit ist ihre Herkunft nicht erkennbar) auf dem Geld- und Kapitalmarkt höhere Verzinsung verspricht, wäre der erste Schritt zum Untergang. Umgekehrt muß eine Fehlinvestition nicht allein deswegen vorliegen, weil die Analyse möglicherweise zu einer externen Anlage der Mittel führt. Denn dort ist sie den jeweiligen geldpolitischen Maßnahmen und damit volkswirtschaftlichen Investitionsprioritäten unterworfen. Das aber bedeutet: Sachinvestitionen müssen und sind auch tatsächlich sehr weitgehend unabhängig vom Ausmaß der Innenfinanzierung. Die Auffassung, daß "grundsätzlich kein spezifischer Zusammenhang zwischen Selbstfinanzierungsquote und Investitionsvolumen besteht"[23], hielt auch der Wissenschaftliche Beirat beim Bundeswirtschaftsministerium bereits vor 20 Jahren für erwiesen.

Nach diesen Ausflügen aber nun zurück zu dem dritten und vielleicht schwerwiegendsten Grund, der aus meiner Sicht für unser System der Altersversorgung über Direktzusagen spricht. Er wurde mit der Nennung des jährlichen Altersversorgungsaufwandes schon angedeutet: die Last, die mittlerweile auf den Unternehmungen liegt. Sie hat einen Umfang angenommen, der nach organischen Weiterentwicklungen der gewachsenen Systeme geradezu schreit, aber Experimente im Grundsätzlichen verbietet.

Inzwischen müssen die Unternehmungen nämlich Versprechungen einlösen, bei denen sie erst allmählich erkannt haben, daß sie einerseits langfristige Kostenbelastungen nicht hinreichend bedacht, andererseits Gesetz und Recht nicht immer realistisch genug antizipiert haben. Versprechungen sind eben keine Nominalzusagen, die man später mit entwertetem Geld bezahlen kann[24].

---

23 Protokoll über die Tagung des Wissenschaftlichen Beirats beim Bundeswirtschaftsministerium vom 15./16.2.1963 zum Thema: "Selbstfinanzierung bei verlangsamtem wirtschaftlichem Wachstum".

24 S. Marie Luise Hilger: Richterrecht in der betrieblichen Altersversorgung, in: Recht der Arbeit, 1981, H. 1, S. 6 ff.

Wie konnte eine solche Entwicklung eintreten? Insbesondere in den sechziger Jahren wurden Versorgungsverpflichtungen in starkem Maße aufgrund steuerlicher und finanzieller Überlegungen eingegangen, um durch die Bildung von Pensionsrückstellungen günstige Finanzierungsquellen zu erschließen. Maßgeblich dafür war der verständliche Optimismus der 50er und 60er Jahre, der die relativ schlechte Reaktionsfähigkeit des Systems auf andere Lagen als eine blutleere theoretische Frage erscheinen ließ. Die fehlende Passivierungspflicht erlaubte zudem, an die zukünftigen Kostenbelastungen weniger konsequent zu denken. Mitunter mögen auch allgemeine taktische und personalpolitische Überlegungen bei den Zusagen eine gegenüber den langfristigen Belastungen eher zu starke Rolle gespielt haben.

Entscheidenden Anteil an der grundsätzlichen Veränderung der Szene hatte das Richterrecht, das zum § 16 BetrAVG geführt hat. Der Arbeitgeber hat danach alle drei Jahre eine Anpassung der laufenden Leistungen der betrieblichen Altersversorgung zu prüfen und hierüber nach billigem Ermessen zu entscheiden. Dabei sind sowohl die Belange des Versorgungsempfängers als auch die wirtschaftliche Lage des Arbeitgebers zu berücksichtigen. De facto hat diese Prüfungspflicht bisher laufende Anpassungserhöhungen nach sich gezogen. Kürzungen oder Änderungen von Versorgungsleistungen sind demgegenüber an den schwer definierbaren Vorbehaltsbegriff der "wirtschaftlichen Lage der Unternehmung" gebunden.

Zunächst war die Dynamisierung im Rahmen der Drei-Säulen-Theorie zu verstehen, nach der die finanzielle Sicherung im Alter auf der staatlichen Rentenversicherung sowie den ergänzenden Systemen der betrieblichen Altersversorgung und der privaten Eigenvorsorge beruhen sollte. Höchstrichterliche Rechtsprechung hat dann aber die Gesamtversorgung aus dieser Betrachtung ausgeklinkt. Seither darf bei der Überprüfung der Betriebsrenten nicht mehr eine Steigerung der Sozialversicherungsrenten angerechnet werden. Im Ergebnis ist der Kaufkraftverlust vollindexiert nach Maßgabe des Anstiegs der Nettoeinkommen der Beschäftigten auszugleichen.

Erleichterungen mit Hinweis auf eine insgesamt angespannte Lage der Volkswirtschaft läßt die Rechtsprechung nicht zu[25]. Alleinige Stütze zur Begrün-

25 Urteil des BAG v. 17.1.1980 - 3 AZR 614/78, in: Betriebliche Altersversorgung, Folge 2 v. 15.3.1980, S. 38 ff.

dung einer gegebenenfalls auszusetzenden Anpassung kann nur die wirtschaftliche Lage der Unternehmung sein. Maßstäbe zur Beurteilung der wirtschaftlichen Lage hat der Gesetzgeber allerdings nicht vorgegeben. Als entscheidend wird in der Rechtsprechung lediglich angesehen, "daß vorrangig der Betrieb und seine Arbeitsplätze erhalten bleiben"[26].

Die "wirtschaftliche Lage der Unternehmung" bedarf also einer anerkannten betriebswirtschaftlichen Auslegung, auf die sie als sekundärer Rechtsbegriff angewiesen ist. Diese ist in letzter Konsequenz nur erreichbar, wenn die einzelne Unternehmung in einer - für Arbeitsgerichte möglichst verständlichen! - Ergänzungsrechnung zum offiziellen Zahlenwerk darlegen würde, warum sie Substanzerhalt nur erreichen kann, wenn nicht oder nur teilweise angepaßt wird. Erst anhand solcher Angaben ließe sich ein rationaler Kompromiß zwischen den konkurrierenden Zielen der Finanzierung notwendiger Investitionen, einer angemessenen Ausschüttung (was auch eine marktgerechte Festlegung kalkulatorischer Zinssätze auf das Eigenkapital voraussetzt) sowie der Anpassung laufender Renten ableiten.

Neben einer auf diese Weise äußerst erschwerten Einschränkung oder Unterlassung der Anpassung laufender Leistungen können natürlich Korrekturen bei noch nicht erdienten Pensionsansprüchen angestrebt werden. Ich halte jede Unternehmungsleitung für gut beraten, die diese Möglichkeit verantwortlich prüft und rechtzeitig davon Gebrauch macht, wenn das Zusageniveau erkennbar zum Auslöser einer wirtschaftlichen Notlage werden kann. Zugleich sollte man aber wissen, daß ein solcher Weg weitgehend unerprobt, mit Sicherheit äußerst konfliktreich ist.

"Billigere" Alternativen gibt es nicht. Beispielsweise würde die Ablösung von Altersversorgungsverpflichtungen durch Übertragung auf private Versicherer unvergleichlich teurer sein, weil die Berechnung der Ablösungssumme auf einer versicherungsüblichen Barwert-Basis erfolgt, also wesentlich unter dem Rechnungszinsfuß von 6 %, und weil die Dynamisierung berücksichtigt werden muß.

---

26 S. Urteile des BAG, AZ: 3 AZR 654/76, in: Betriebliche Altersversorgung, Folge 7 v. 31.10.77, S. 224 ff. und AZ: 3 AZR 1107/78, in: Betriebliche Altersversorgung, Folge 2 v. 15.3.80. S. 42 ff.

Wer sich der Notwendigkeit, rechtzeitig sein Versorgungswerk auf schwere immanente Risiken zu überprüfen, verschließt, nimmt es längerfristig über den Umweg unterlassener Vorfinanzierung auf sich, daß der für andere Zwecke gedachte Pensionssicherungsverein als Rückdeckung für ungenutzte Einschränkungs- und Widerrufsmöglichkeiten von Pensionszusagen einzutreten hat. Daß die Problematik gesehen wird, läßt die Tendenz zu Leistungseinschränkungen vermuten, die in letzter Zeit nachweisbar ist[27].

Im Ergebnis läßt sich jedenfalls festhalten, daß nur diejenige Unternehmung schwierige Zeiten überstehen kann, die ihr Versorgungskapital verursachungs- und periodengerecht ansammelt. Deshalb müssen die Ergebnisse einer Stichprobenuntersuchung von Manfred Jürgen Matschke[28] Besorgnis auslösen, die repräsentative Geltung zumindest für die Unternehmungen beanspruchen darf, die in der Plficht des § 159 AktG stehen[29] (der einen Teil der Aufwendungen für die betriebliche Altersversorgung, nämlich die meisten Auszahlungen, publizitätspflichtig macht). Die aus dieser Studie erkennbaren Anstrengungen der Unternehmungen lassen auf eine generelle Unterschätzung der längerfristig erwachsenden Belastungen zumindest im bilanziellen Ausweis schließen, obwohl das zum Teil stürmische Wachstum der pagatorisch wirksamen Aufwendungen anhalten und sich aufgrund plausibler Interpolation von 1978 bis 1984 um bis zu 100 Prozent auf 13,3 bis 15,3 Mrd. DM[30] steigern dürfte.

---

27 IFO, a.a.O., S. 11 ff., S. 24 ff.

28 Manfred Jürgen Matschke: Prognosen im Rahmen der publizierten Rechnungslegung. Ein Bericht über die Prognosen der Pensionszahlungen gemäß § 159 AktG. (3 Teile). DB, Heft 46 v. 13.11.1981, S. 2289-2293, Heft 47 v. 20.11.1981, S. 2339-2343, Heft 48 v. 27.11.1981, S. 2394-2397.

29 "Im Jahresabschluß sind der Betrag der im Geschäftsjahr geleisteten Pensionszahlungen einschließlich der Zahlungen an rechtlich selbständige Versorgungskassen und in Vom-Hundert-Sätzen dieses Betrages die in jedem der folgenden fünf Geschäftsjahre voraussichtlich zu leistenden Zahlungen zu vermerken."

30 "Legt man diese Extrapolation für die Jahre 1980 bis 1984 zur gesamtwirtschaftlichen Schätzung der künftigen Belastungen aller deutschen Unternehmungen mit Pensionszahlungen zugrunde, so ist damit zu rechnen, daß die Belastungen im Zeitraum von 1978 bis 1984 um 80 bis 100 Prozent steigen werden, d.h. von 7,4 Mrd. DM im Jahre 1978 auf ca. 13,3 bis 15,3 Mrd. DM im Jahr 1984. Zu vergleichbaren Ergebnissen kommt man auch, wenn man von den Prognosewerten für die Jahre 1980 bis 1984 ausgeht, die die Unternehmungen in dem Vermerk gemäß § 159 AktG angegeben hat". Matschke, a.a.O., S. 2394 f.

5. Offene Risiken einer korrekten Vorfinanzierung

Dies heißt nichts anderes, als daß schon heute ein beachtlicher Liquiditätsabfluß aus den Unternehmungen in den nächsten, ohnehin belastungsreichen Jahren feststeht. Die außerdem erforderliche Rückstellungsbildung belastet darüber hinaus die Ertragskraft, so daß auf absehbare Zeit von einer Kumulierung der Bürde auszugehen ist. Bei allgemeinem Wirtschaftsabschwung muß dies um so schwerer wiegen, als die Grundkonstruktion von der Inkaufnahme einiger Risiken bestimmt ist, die versicherungsmathematisch nicht erfaßbar sind, aber gleichwohl betriebswirtschaftliche Vorsorge erfordern. Geschieht das nicht, sind die versorgungspflichtigen Unternehmungen langfristig auch bei einem ansonsten realistischen Zusageniveau von einem Wachstum ihrer Erträge abhängig, damit sie aus ihm nur teilweise vorfinanzierte Zusagen spätestens beim Eintritt des Versorgungsfalles kompensieren können.

Die mir bekannten versicherungsmathematischen Modellrechnungen gehen natürlich für die gesamte Dauer der Aufbauphase zwischen Zusage und Rentenauszahlung von optimalen Annahmen aus: es müssen ausreichend hohe Gewinne erzielt werden, um die steuerlichen Möglichkeiten beim Aufbau des Altersversorgungskapitals voll nutzen zu können, und die angenommene Verzinsung des Altersversorgungskapitals - bei Zinssätzen am langfristigen Kapitalmarkt, die nicht unter dem steuerlichen Abzinsungsfaktor liegen - muß in der Unternehmung nicht nur erwirtschaftet, sondern auch voll thesauriert werden. Selbst unter solchen, wegen der notwendigen Langfristigkeit der Betrachtung natürlich viel zu optimistischen Annahmen stellten die Gutachter bei der Vorbereitung der Reformmodelle des Gesetzes über die betriebliche Altersversorgung fest, daß "keine realistischen Fälle denkbar (sind), in denen die Vorteile, die in der steuerlichen Behandlung der Pensionsverpflichtungen liegen, die mit den späteren Rentenzahlungen verbundenen Belastungen ausgleichen"[31]. Der Gesetzgeber hat später bei der Reform des Betriebsrentengesetzes eine gewisse Entlastung eingeräumt, indem er für die Berechnung der Zuführung zu den Pensionsrückstellungen den Übergang vom Gegenwartswert auf den Teilwert vollzog. Dieses Bewertungsverfahren ermög-

31 H. Lukowsky, K. Zühlke, N. Rössler: Betriebswirtschaftliche Effekte bei der Bildung von Pensionsrückstellungen am Beispiel eines Modellunternehmens, in: Bundesarbeitsblatt 10/1971, S. 598.

licht eine stärkere steuerfreie Bildung von Deckungskapital. Mittlerweile erschienene Veröffentlichungen erwecken den Eindruck, eine befriedigende Entlastung sei herbeigeführt[32]. Ob aber diese Entlastung alle Risiken umfaßt, muß aus meiner Sicht nachdrücklich bezweifelt werden.

Im Mittelpunkt dieses Zweifels steht der steuerliche Rechnungszinsfuß, von dem in jedem Fall abhängt, wieviel Aufwand in die Zukunft verschoben wird. Ausgehend von versicherungsmathematischen Betrachtungen hat der Gesetzgeber den Streit um die betriebswirtschaftlich richtige Höhe des Abzinsungsfaktors bei der Direktzusage durch eine Anlehnung an den langfristig zu erwartenden durchschnittlichen Kapitalmarktzins entschieden - eine durchaus fragwürdige Konsequenz, wenn man sich das kunterbunte Allerlei steuerlicher Zinssätze allein in den verschiedenen Modellen der betrieblichen Altersversorgung, nämlich zwischen 3 und 6 %, vor Augen hält.

Ganz unabhängig von der Frage des Abzinsungssatzes muß natürlich zuallererst die Unternehmung überhaupt in der Lage sein, das benötigte Deckungskapital zu erwirtschaften. Phasen anhaltender Renditeschwäche - bei zahlreichen Unternehmungen keine Seltenheit - laufen diesem Ziel zwangsläufig zuwider, da eine steuerlich abzugsfähige Nachholung in späteren Jahren jedenfalls grundsätzlich nicht zulässig ist. Ist das Kapital aber gebildet, muß die Unternehmung, soll im Vorsorgefall die Zusage voll abgedeckt sein, ohne Unterbrechung in der Lage sein, mindestens den steuerlichen Rechnungszinsfuß für diese Rückstellung zu erwirtschaften. Phasen mit stärkeren inflationären, stagflationären, rezessiven oder depressiven Erscheinungen belasten aber in der Regel nicht nur die absatzbedingte Ertragsfähigkeit der Unternehmungen, sondern haben auch die Eigenart, daß die Geldpolitik - auch wenn Exkursionen in die Gefilde von Modeschöpfern nicht stattfinden - besonders scharfe Maßnahmen ergreift. Beides zusammen kann aber in Wirklichkeit leicht - auch über mehrere Jahre - dazu führen, daß die Unternehmungen weder eine ausreichende Verzinsung des bereits angesammelten Versorgungskapitals noch die erforderlichen weiteren Dotierungen zu erwirtschaften in der Lage sind. Solche Lücken erzeugen dann wegen des Zinseffektes eine mit exponentieller Dynamik wachsende Deckungslücke.

32 S. Georg Heubeck: Bericht zur Lage, in: Betriebliche Altersversorgung, F. 4 v. 20.6.1981, S. 67; Hartmut Engbroks u. Klaus Heubeck: Direktversicherung und Pensionszusage im wirtschaftlichen Vergleich, in: DB, H. 40 v. 20.10.1981, bes. S. 2028.

Weiterhin müssen wir bedenken, daß inflationsbedingte Anpassungen der Leistungen nach Eintritt des Versorgungsfalles nach Gesetz und Rechtsprechung unvermeidlich sind. Diese zusätzliche Belastung kann in der betriebswirtschaftlich erforderlichen Weise mit steuerlicher Wirkung nur eingefangen werden, wenn man sich bei der Ermittlung des Barwerts der Versorgungsleistung nicht am Kapitalmarktzins, sondern in etwa am Realzins orientiert.

Alle damit angesprochenen Risiken können Gewißheit dem Grunde nach, Ungewißheit nur der Höhe nach beanspruchen. Unter diesen Umständen bin ich sicher, daß ein steuerlicher Rechnungszinsfuß von 3,5 %, jedenfalls einer im Bereich des langfristigen Realzinses, prinzipiell richtig, und ein Satz von 6 % prinzipiell falsch ist. Solange der Gesetzgeber hier keine Anpassung an die Realität vornimmt, erscheint es mir zwingend, daß sich die Unternehmungen, wenn sie dazu irgend imstande sind, um handelsbilanzielle Vorsorge bemühen und aus ihrem versteuerten Ertrag zusätzliche Rückstellungen bilden, denen ein Zinssatz zugrunde liegt, der sich wenigstens in die Nähe des Realzinses bewegt.

Allerdings dürfte dies, wenn es geschähe, nicht zu einer Minderung des Druckes auf den Gesetzgeber führen. Position muß sein: fiskalische Motive dürfen nicht zur Leitlinie der betrieblichen Sozialpolitik werden - ganz abgesehen davon, daß die Hoffnungen, die mit der Anhebung des Rechnungszinsfußes von 5,5 % auf 6 % verbunden werden, nach meiner Überzeugung eher naiv sind. Unternehmungen, die Unterdeckungen haben, dürften sich im Blick auf die 4. EG-Richtlinie bemühen, beim Übergang vom niedrigeren auf den höheren Zinssatz der erzwungenen Auflösung von Rückstellungen durch zusätzliche Rückstellungsbildungen entgegenzuwirken, soweit sie - und das wird oft genug der Fall sein - die steuerlichen Spielräume nicht voll genutzt haben. Damit wird sich die Erwartung, 1985 werde die Anhebung des Rechnungszinsfußes zu Mehreinnahmen beim Bund von ca. 2,3 Mrd. DM führen, an bescheidenere Größenordnungen gewöhnen müssen. Dagegen bleibt als langfristige Wirkung des 6 %-Satzes zu befürchten, daß die steuerlich wirksamen Rückstellungen beim Dotierungskapital Lücken entstehen lassen und die Kenntnis dieses Defizits zur Erosion künftiger Zusagen führt. Auf längere Sicht dürften in der Folge auch durchaus ertragsstarke Unternehmungen dazu verurteilt sein, eine wachsende Last von ungedeckten Zusagen vor sich herzuschieben, die beim Eintritt des vollen Umfanges der zugesagten Pensionszahlungen aus dem laufenden "Normalgeschäft" zu bedienen sind. Damit verstärkt sich noch mehr die Wachstumsabhängigkeit der betrieblichen Altersversorgung.

6. Ansätze für umfassende Lösungen

Zusammenfassend möchte ich deutlich machen: ich will nicht in das verfallen, was auf viele Problembeschreibungen üblicherweise folgt, nämlich eine Klage über die Leichtfertigkeit des Gesetzgebers und die Ahnungslosigkeit von Gerichten. Die Zeit ebenso überzeugender wie aussichtsloser Forderungen zu Teilproblemen ist abgelaufen. Ohne Einordnung in die wirtschaftlichen und gesellschaftlichen Gesamtzusammenhänge hat jede Lösung eines Einzelproblems heute größte Chancen, falsch zu sein. Das beweist die Entwicklungsgeschichte der betrieblichen Altersversorgung in besonders deutlicher Weise. Viel guter Wille würde entwertet, wenn aus der grundlegenden Veränderung der wirtschaftlichen Aussichten nicht ebenso grundlegende Konsequenzen gezogen würden. Alle Verantwortlichen müssen - auf diesem wie auf anderen Feldern - die Kraft zu Gesamtentwürfen aufbringen und dürfen sich nicht weiter in isolierten Themen, bequemen Denkbesitzständen oder kurzsichtigen Interessen verlieren. Sonst ist das Versagen vor den Herausforderungen unseres Jahrzehnts ziemlich wahrscheinlich, möglicherweise mit Konsequenzen, die niemand mehr steuern kann.

Was ist aus alledem zu schließen? Ich meine, plausibel erscheinende, umfassendere Lösungsansätze könnten von vier, wohl unumstrittenen Feststellungen ausgehen:

- Erstens: die betriebliche Altersversorgung bleibt sozialpolitisch erwünscht, wenn es mir auch zwingend erscheint, kritisch zu überprüfen, was sich die einzelne Unternehmung noch leisten kann.

- Zweitens: ebenfalls erwünscht bleibt die Kapitalbindung des Altersversorgungskapitals zumindest innerhalb derjenigen Unternehmungen, die eine unzureichende Ausstattung mit Eigenkapital aufweisen - und das sind wohl die meisten.

- Drittens: weil heute drei und in vierzig Jahren voraussichtlich nur noch zwei Berufstätige einen Rentner mittragen müssen, ist bei Fortsetzung der gegebenen Versorgungssysteme eine Alterslastquote zu erwarten, die, über erheblich steigende Beitragssätze zur gesetzlichen Rentenversicherung, den Unternehmungen eine massive Ertrags- und vor allem Liquiditätsbelastung auferlegt.

- Viertens: erweiterte Vermögensbildung bleibt trotz des bisherigen Fiaskos dieser Politik erstrebenswert, mehr noch, sie ist dringlicher denn je, weil für die notwendige Anpassung unserer Volkswirtschaft an veränderte Grundbedingungen eine Umlenkung vom Konsumieren zum Investieren durchgesetzt werden muß.

Dieses Bündel von Feststellungen legt aus meiner Sicht einige sie miteinander verknüpfende Schlußfolgerungen nahe.

Zunächst einmal sollte sich der Gesetzgeber steuerpolitisch durch eine schrittweise Annäherung des Rechnungszinsfußes an versicherungsübliche, d.h. realzinsbezogene Größenordnungen engagieren. Es gibt genügend andere, fragwürdig gewordene Wirtschaftsförderungsmaßnahmen, auf die dafür verzichtet werden könnte. Damit würde eine betriebswirtschaftlich saubere Vorfinanzierung von Versorgungszusagen erreicht und zugleich die Kapitalausstattung der Unternehmungen gestärkt. In der Folge hätten die Unternehmungen die sich zwangsläufig aus der Beachtung strenger betriebswirtschaftlicher Maßstäbe ergebende Ertragsbelastung mit ihrem erweiterten steuerlichen Spielraum ins Gleichgewicht zu bringen. Eine auf diese Weise sicher gemachte betriebliche Altersversorgung hätte angesichts der Unsicherheiten in der Sozialversicherung einen unschätzbaren Wert.

Als nächster Schritt würde für mich eine gedankliche Verknüpfung mit der Vermögensbildung herkömmlicher Art durch staatliche Förderung und/oder Tarifvertrag naheliegen. Betrieblich gebundene Vermögensbildung der Arbeitnehmer dient ebenso wie eine Kapitalansammlung für die betriebliche Altersversorgung der Bereitstellung von Investitionen und Arbeitsplätzen, um auf diesem "Umweg" Lebensrisiken auszuschalten. Für die betriebliche Altersversorgung gibt es bewährte, rechtlich gesicherte und wirtschaftlich beherrschte Formen, während einer Erweiterung der Vermögensbildung nach wie vor zahlreiche Hürden im Wege stehen. Warum sollten eigentlich Formen der Vermögensbildung undenkbar sein, die sich in die Verbesserung der Kapitalstruktur der Unternehmungen einfügen und - zumindest indirekt - zur Stärkung der Altersversorgung beitragen? Wäre es nicht denkbar, private Vorsorge als dritte Säule der Altersversorgung über diesen Weg darzustellen, wenn Anlageformen in den Unternehmungen gefunden würden, die von der Rechtsform her eine Trennung von den Risiken der betrieblichen Altersversorgung gewährleisten und den Ertrag aus der Vermögensbeteiligung erst im Alter zufließen lassen? Wenn auf diese Weise endlich ein Weg aus dem erschreckend sterilen Streit der Tarifpartner - hier volkswirtschaftliche Nachfragesicherung, dort betriebliche Kostenbelastung - gebahnt würde: um so besser.

Soweit meine - vielleicht dilettantische - Anregung[33], die natürlich viele komplizierte Einzelfragen aufwirft, aber eben für mich auch offenkundige Vorteile zu haben scheint. Etwa den, daß eine unveränderte Weiterführung unserer bisherigen Versorgungssysteme auf längere Sicht doch wohl die Einführung der Passivierungspflicht, die eigentlich seit der arbeitsrechtlichen Wandlung von Betriebsrenten zu weitgehend unverfallbaren Rechtsansprüchen sachlich überfällig wäre, fast unvermeidlich macht. Aber auch die bevorstehende Verpflichtung, Unterdeckungen im Erläuterungsteil des Jahresabschlusses auszuweisen, könnte vielleicht durch ein Lösungsmodell, das in die angedeutete Richtung geht, entschärft werden, sofern zunächst nur ungedeckte Verpflichtungen ab dem Jahr der Einführung ausgewiesen werden müßten und erst über einen längeren Zeitraum eine schrittweise Rückwirkung der Ausweispflicht einträte.

Wenn die Konsolidierung der betrieblichen Altersversorgung mit vermögenspolitischen Komponenten verbunden wird, hätte im übrigen das auch sonst begrüßenswerte Verbot der Auflösung von Pensionsrückstellungen ohne Wegfall der Pensionsverpflichtung, das der Vorentwurf zur Umsetzung der 4. EG-Bilanzrichtlinie in nationales Recht vorsieht, einen besonders sinnvollen Platz: die Beschäftigten könnten keine Zweifel über den pfleglichen Umgang mit diesen Verpflichtungen beschleichen.

33 In eine grundsätzlich ähnliche Richtung zielt aber immerhin ein sicherlich kompetenter Vorschlag, der einige Tage nach dem Vortrag dieses Referates erschien: Georg Heubeck und Klaus Heubeck: Betriebliche Altersversorgung als Gewinnbeteiligung zur Vermögensbildung. Handelsblatt v. 14.12.82.

Der entscheidende Vorteil einer volkswirtschaftlich fundierten sowie betriebswirtschaftlich stimmigen Kopplung von Betriebsrenten, Vermögensbildung und Unternehmungsfinanzierung zu einem neuen Dreieck der sozialen und wirtschaftlichen Zukunftssicherung wäre mittelfristig darin zu sehen, daß personalintensive Unternehmungen von einer solchen Strategie am stärksten profitieren könnten.

Wenn dann, leider aus heutiger Sicht eine ferne Utopie, eine auf diese Weise verbesserte Kapitalstruktur nicht vollständig in Leistungserstellung umgesetzt werden kann, mögen Liquiditätsüberschüsse auftreten. Für diesen Fall läge trotz der Vielfalt und Kombinierbarkeit der Modelle betrieblicher Altersversorgung der Gedanke nahe, zusätzliche Anlagemöglichkeiten auch für die in der Bundesrepublik unbefriedigende Finanzierung neuer Existenzen und mittelständischer Unternehmungen zu schaffen. Inwieweit das neue Beteiligungsfondsgesetz in Österreich hier Anregungen bietet (etwa der Art, daß sich Unternehmungen an Fonds zur Mittelstandsfinanzierung und Existenzgründung beteiligen können, die auf zehn Jahre laufende, aber frei handelbare Schuldscheine mit vorher fixierten, allerdings nicht risikofreien Genußrechten ausgeben), wäre zu prüfen. Jedenfalls nicht außerhalb meiner Vorstellung wären gut gemanagte Beteiligungsfonds, die durch überdurchschnittliche Ertragschancen sicher genug Anziehungskraft ausüben könnten.

Abschließend kann ich, ohne ihm damit Leichtfertigkeit unterstellen zu wollen, dem wohl DGB-offiziellen Befund von Gerd Muhr, die Zeit der Konsolidierungsphase nach Inkrafttreten des Betriebsrentengesetzes erscheine abgeschlossen[34], nicht zustimmen. Zugleich würde billiger - und ungerechter - Schimpf auf diejenigen, die notwendige Vorfinanzierungen aus in der Regel zwingenden Gründen unterlassen mußten, oder die unterschiedslose Rücknahme von Zusagen nur neue, kaum auflösbare Unzuträglichkeiten schaffen. Die aber können wir alle überhaupt nicht gebrauchen.

Wir haben eben heute statt Vermutungen eher die Gewißheit, daß sich entscheidende Fundamente des Wirtschaftens verändert haben. In solcher Lage hängt viel mehr, als manche meinen, davon ab, ob es gelingt, konstruktive

---

34 Gerd Muhr: Rückblick und Ausblick auf die betriebliche Altersversorgung aus gewerkschaftlicher Sicht, in: Betriebliche Altersversorgung im Umbruch, a.a.O., S. 101.

und kompromißfähige Wege zu finden, die alte Errungenschaften mit den Lösungen neuer Probleme verbinden. Es war mein Anliegen, dies ein wenig zu verdeutlichen.

Statistischer Anhang

Tabelle 1

Häufigkeit der Zusage einer betrieblichen Altersversorgung - nach Unternehmensgröße -

Zahl der Beschäftigten	v.h.
bis 100	59
101 - 250	79
251 - 1000	81
1001 - 5000	91
über 5000	97

Quelle: manager magazin 2/1982, S. 74.

Tabelle 2

Formen der betrieblichen Altersversorgung
- nach Größenklassen -
Ende 1976 und Ende 1973

Unternehmen mit .. bis ... Arbeitnehmern	Betriebliche Ruhegeldzusage		Direktversicherung		Unterstützungskasse		Pensionskasse		Höherversicherung	
	Von 100 Unternehmen[1] mit betrieblicher Altersversorgung haben obige Form									
	1976	1973	1976	1973	1976	1973	1976	1973	1976	1973
10 bis 49..	31,2	34,7	68,5	62,1	4,8	6,5	8,7	9,4	0,4	1,0
50 bis 99..	56,4	58,9	52,3	43,4	16,4	17,0	6,2	6,6	1,5	0,5
100 bis 199..	67,3	67,2	42,8	34,7	23,4	28,4	6,7	6,8	0,4	0,8
200 bis 499..	80,1	75,6	34,0	25,8	34,3	39,4	6,0	10,5	0,5	0,3
500 bis 999..	92,8	84,2	32,7	21,3	42,5	51,2	7,8	8,0	1,8	1,4
1000 bis 4999..	96,5	91,1	12,1	12,0	48,1	49,8	11,1	14,5	0,7	0,3
5000 und mehr	99,3		5,9		53,3		18,4			
insgesamt	47,7	51,6	57,0	47,9	14,2	18,2	7,9	8,9	0,6	0,8

1 Unternehmen, die mehrere Formen praktizieren, werden mit jeder Form gezählt.

Quelle: Bericht der Bundesregierung über die Erfahrungen bei der Durchführung des Gesetzes zur Verbesserung der betrieblichen Altersversorgung. Drucksache des Dt. Bundestages 8/2377 v. 11.12.1978, S. 5.

Tabelle 3

Aufwendungen, Rentenleistungen und für betriebliche Versorgungszwecke angesammelte Mittel in der Bundesrepublik Deutschland

	1970	1973	1976	1977	1978
			Mill. DM		
Aufwendungen der Unternehmen	7.950	10.580	16.770	17.560	18.610
Betriebliche Ruhegeldverpflichtungen[1]	6.200	8.470	13.790	14.200	14.900
darunter Nettozuführungen zu Pensionsrückstellungen[2]	4.100	5.580	9.830	9.800	10.000
Unterstützungskassen	900	1.000	1.350	1.400	1.450
Pensionskassen	580	740	960	1.010	1.060
Direktversicherungen	270	370	670	950	1.200
Pensionszahlungen	3.330	4.550	6.060	6.690	7.380
Betriebliche Ruhegeldverpflichtungen	2.100	2.890	3.960	4.400	4.900
Unterstützungskassen	560	790	1.000	1.100	1.200
Pensionskassen	540	700	880	950	1.020
Direktversicherungen	130	170	220	240	260
			Mrd. DM		
Für betriebliche Altersversorgung angesammelte Mittel	56,6	78,1	116,4	130,9	145,9
Rückstellungen für betriebliche Ruhegeldverpflichtungen	34,2	49,5	78,7	88,5	98,5
Vermögen der Unterstützungskassen	8,6	10,7	11,5	12,5	13,4
Vermögen der Pensionskassen	11,2	14,2	21,0	24,0	27,0
Deckungsmittel der Direktversicherungen	2,6	3,7	5,2	5,9	7,0
			Aufwendungen = 100		
Aufwendungen der Unternehmen	100	100	100	100	100
Betriebliche Ruhegeldverpflichtungen[1]	78,0	80,1	82,2	80,9	80,1
darunter Nettozuführungen zu Pensionsrückstellungen[2]	51,6	52,7	58,6	55,8	53,7
Unterstützungskassen	11,3	9,5	8,1	8,0	7,8
Pensionskassen	7,3	7,0	5,7	5,8	5,7
Direktversicherungen	3,4	3,5	4,0	5,4	6,4

1 Einschließlich Aufwendungen für laufende Leistungen

2) Ohne Aufwendungen für laufende Leistungen

Quelle: Eigene Schätzungen.

aus: Peter Ahrend: Quantitative und qualitative Merkmale der betrieblichen Altersversorgung in der Bundesrepublik - Eine Analyse statistischer Erhebungen, in: Betriebliche Altersversorgung im Umbruch. (Hrsg. Ernst Heissmann). Berlin 1980, S. 67.

Tabelle 4

Geldmittel und Vermögensanlagen
bei Pensions- und Sterbekassen (Mio. DM):

Jahresende	Summe der erfaßten Aktiva	Zahl der Institute
1974	16.020	41
1975	17.792	41
1976	22.135	82
1977	24.621	90
1978	27.048	92
1979	29.423	95
1980	32.346	96
1981	35.409	100
März 1982*	40.765	105

*vorläufig

Quelle: Monatsberichte der Deutschen Bundesbank.

Tabelle 5

Pensionsrückstellungen und Bruttosozialprodukt in der BRD

Jahr	Pensionsrückstellungen		Bruttosozialprodukt	
	Mrd. DM	Index	Mrd. DM	Index
1957	5,0	100	216,0	100
1961	13,9	278	331,8	154
1965	21,7	434	459,3	213
1970	34,0	680	678,8	314
1973	42,2	844	918,6	425
1976	67,1	1.342	1.125,6	521
1980	120,0	2.400	1.497,5	693

Quellen:

Pensionsrückstellungen:
1957 / 1961: DB 1966, 1525 - 1535
1965 / 1970: Gutachten der Steuerreformkommission 1971, S. 1081
1973 / 1976: BT-Drs. (8/2377 vom 11.12.1978)
1980: W. Forsbach, Zur Entwicklung der betrieblichen Altersversorgung insbesondere der Unterstützungskassen, 44. ABA-Jahrestagung 1982.

Bruttosozialprodukt:
Kurt H. Biedenkopf/M. Miegel: Die programmierte Krise, Stuttgart, S. 119 (Anlage 4 f)
1980: StJB 1981.

Tabelle 6

Auszahlungen für betriebliche Altersversorgung*
- in Mio. DM -

1974	1978	1979	1980	1984
4.450	6.220	6.350	6.830	8.900

*an die Arbeitnehmer aus Direktzahlungen der Arbeitgeber und der Unterstützungs- und Pensionskassen sowie aus der Direktversicherung bei Versicherungsunternehmen.

Quelle: Sozialbericht 1980, Drucksache des Deutschen Bundestages 8/4327 v. 26.6.1980, S. 117.

Tabelle 7

Höhe der Aufwendungen und der angesammelten Finanzierungsmittel

Versorgungsform	Aufwendungen			Höhe der Rückstellungen bzw. des Vermögens		
	in den Jahren 1973	1976	Steigerung	Ende 1973	Ende 1976	Steigerung
	- Mio. DM -		- in v.H. -	- Mio. DM -		- in v.H. -
Direktzusage	7.201	11.744	63,1	42.200	67.100	59,0
U-Kasse	947	1.297	37,0	10.200	11.000	7,8
Pensionskasse	540	588	8,9	14.500	22.000	65,5
Direktversicherung	281	409	45,6	3.700	5.300	40,5
insgesamt	8.969	14.038	56,5	70.600	105.400	49,3

Quelle: Bericht der Bundesregierung über die Erfahrungen bei der Durchführung des Gesetzes zur Verbesserung der betrieblichen Altersversorgung, BT-Drs. 8/2377 vom 11.12.1978, S. 6.

Tabelle 8

Finanzierungsstruktur 1979

- nach Betriebsgrößen -

	Betriebsleistung - in Mio. DM -							
	bis 5	5-10	10-20	20-50	50-100	100-200	200-500	500-1000
Anzahl der Firmen	116	121	143	232	148	80	37	14
Eigenkapital[1,2]	33,9	30,7	33,1	31,7	32,6	32,1	29,0	37,0
Anlagevermögen[1]	47,6	43,6	39,7	40,5	39,0	37,0	39,4	44,5
Pensionsrückstellungen und U-Kassen[1]	2,2	4,6	5,5	8,5	9,3	10,2	11,9	15,0

1 in v.H. der um die negativen Kapitalkonten bereinigten Bilanzsumme

2 Ohne negative Kapitalkonten, einschl. stille Beteiligungen, Darlehen von nicht haftenden Gesellschaften und Sonderposten mit Rücklageanteil

Quelle: Industriekreditbank, Mitteilungen der Volkswirtschaftlichen Abteilung, Jahresmitte 1981.

Tabelle 9

Bilanzstruktur der Daimler-Benz AG
- in v.H. der Bilanzsumme -

Jahr	Grundkapital und Rücklagen	Pensionsrückstellungen
1965	42	2
1970	39	4
1975	33	6
1980	30	19

Quelle: Geschäftsberichte der Daimler-Benz AG.

Tabelle 10

Pensionsrückstellungen deutscher Großunternehmungen
- per 31.12.1980 -

	Pensionsrückstellungen - in v.H. -	
	der Bilanzsumme	des Eigenkapitals[1]
VW	18	65
Siemens[2]	19	58
Bayer	15	33
BASF	14	31
Hoechst	11	22

1 Grundkapital und Rücklagen ohne Sonderposten mit Rücklagenanteil
2 per 30.9.1981

Quelle: Geschäftsberichte der genannten Unternehmungen.